Wind of Change

윈드 오브 체인지

민통선, 걷다–12박 13일의 기록

민통선, 걷다−12박 13일의 기록

Wind of Change

윈드 오브 체인지

김담 지음

아마존의나비

윈드 오브 체인지 민통선, 걷다-12박 13일의 기록

펴낸날 2020년 7월 30일

지은이 김담   **만들어 펴낸이** 오성준   **편집 책임** 정일영   **펴낸곳** 아마존의 나비

본문디자인 디자인이룸   **인쇄** 이산문화사

출판등록 제2018-000189호   **주소** 서울 은평구 통일로73길 31

전화 02-3144-8755, 8756   **팩스** 02-3144-8757   **홈페이지** www.chaosbook.co.kr

ISBN 979-11-90263-10-8 03300

값 15,000원

추천사

"가깝고도 먼, 멀지만 가까운"

더불어민주당 국회의원 이인영

한반도 평화 정착은 가깝고도 멀지만 결코 멀기만 한 길은 아니다. 2017년 북한의 수차례에 걸친 핵과 미사일 실험으로 벼랑 끝으로 치닫던 남북 관계는 문재인 대통령 취임 이후 2018년 평창 동계올림픽으로 극적인 반전의 계기를 마련했다. 2018년 싱가폴 북미 정상회담과 이를 전후한 남북 정상 간의 만남은 한반도의 종전과 평화 정착에 대한 기대를 한껏 부풀게 했지만 문대통령과 우리 정부의 최선의 노력에도 불구하고 2019년 하노이 북미정상회담 결렬 이후 남북 관계는 다시 겨울잠의 시기를 지나고 있다.

한반도의 평화는 우리에게 가장 절실한 현안이지만 미국과 중국을 비롯한 주변국의 복잡한 이해관계가 얽혀 있음을 충분히 알고 있다. 하지만 언제까지나 주변국의 이해관계 때문에 우리의 평화와 안전을 유보할 수는 없다는 것 또한 엄연한 사실이다. 정치·외교적 상황과 관계없이 지금 우리가 할 수 있는 일을 찾아 실천하는 일을 끊임없이 고민해야 하는 까닭이다. 교착 상태에 빠진 남북 관계 개선과 평화 정착의 노둣돌을 놓을 방안을 거듭 고민한 결과가 민통선 통일 걷기였다.

DMZ와 민통선은 분단의 상징이면서 전쟁이 남긴 국토의 아물지 않은 상흔이다. 그리고 역설적이게도 참혹한 전쟁의 결과로 이 지역의 자연 생태계가 보존될 수 있었다. 민통선을 평화구역으로 일구고 생태 환경 보전을 취지로 2017년 강원도 고성 통일전망대에서 파주 임진각에 이르는 337km 민통선 횡단 통일 걷기의 첫 발을 내딛었다. 한반도의 아픈 허리를 치유할 평화의 오작교를 잇는 마음으로 매년 행사를 이어오고 있다.

2017년 통일 걷기 시작부터 3년 연속 통일 걷기에 함께한 김담 작가의 〈윈드 오브 체인지〉의 출간은 행사의 작은 결실이다. 이 책은 독자들에게 마음으로나마 평화의 여정에 함께하길 바라며 띄우는 작가의 간곡한 초대장이다. 12박 13일 간 분단의 역사와 현장을 걸으며 한 발 한 줄 써내려간 기록엔 참가자들은 물론 우리 모두의 소망이 올올이 담겨 있다고 믿는다. 김담 작가가 몸으로 쓴 이 글이 계기가 되어 우리 땅에 다시 한번 맑고 푸른 변화의 바람이 불어오길, 독자들의 마음엔 희망의 씨앗이 움트길 기대한다.

프롤로그

"한 개의 군사 분계선을 확정하고 쌍방이 이 선으로부터 각기 2km
씩 후퇴함으로써 적대 군대 간에 한 개의 비무장지대를 설정한다.
한 개의 비무장지대를 설정하여 이를 완충지대로 함으로써 적대
행위의 재발을 초래할 수 있는 사건의 발생을 방지한다."

『한국전쟁 정전협정문 제1조 1항』

미군의 함포 사격으로 집을 잃은 뒤 이웃집 행랑
채에서 피란 생활을 하던 중 이번에는 미군의
폭격기 폭격으로 어머니와 언니 그리고 외할머니가 옆구리
와 팔, 다리에 부상을 입었다. 한국전쟁 당시 38선 이북인 조
선민주주의인민공화국, 즉 '인공 치하'였던 강원도 고성군 거

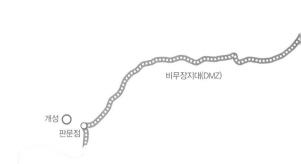

비무장지대(DMZ)

개성 ○
판문점

진면 거진인민학교 3학년에 재학 중이었던 임 씨 어린이는 거진역을 비롯한 거진 면내가 폭격으로 불타기 시작했을 때 바닷가에서 해수욕을 하고 있었다. 식구들이 부상을 입자 다시 불타 버린 집에 있던 방공굴로 돌아왔다. 집은 거진항 부둣가 근처 산 뿌다구니[1] 중턱에 있었다. 그러나 미군의 폭격은 멈추지 않았고, 또다시 피란해야 했다.

목선으로 고기를 잡던 7대 독자였던 아버지는 먼저 월남했고, 남은 가족들은 이리저리 친척집을 전전하다 미군이 제공한 '아가리배LST'를 타고 양양군 대포항에 도착했다. 다시

---

[1]   쑥 내밀어 구부러지거나 꺾어져 돌아간 자리

양양군 물치리까지 걸어나갔다. 잠잘 곳을 찾던 중 식구들은 피란을 떠나고 홀로 남아 있던 노인을 만나 피란 생활을 이어나갔다. 동냥을 하기도 하고, 바닷가에서 해초를 줍기도 하면서 끼니를 해결했다. 그릇은 시레이션c-ration 깡통이 전부였다. 그렇게 생활하던 중 피란을 떠났던 아버지를 대포항에서 극적으로 만났고, 또다시 강원도 묵호까지 목선을 타고 피란길에 올랐다. 휴전이 된 뒤 고향 거진이 아닌 속초에 정착했다.

임 씨 어린이는 전쟁 중에 태어난 막냇동생을 업어 키우며 해산물 장사에 나선 어머니를 도와 집안 살림을 도맡았다. 손위 언니는 전쟁 중 포탄 파편에 오른팔을 다쳤고, 손위 오빠는 또 오빠대로 땔감 등을 하느라고 바빴으며 손아래 여동생은 일손을 거들기에는 너무 어렸다. 임 씨 어린이의 외가는 강원도 고성군 현내면 저진제진 즉 '애끼미'였으나 외할아버지는 함경북도 청진에 살고 있었으며 큰외삼촌은 거진면 내무서장이었고, 막내외삼촌은 철도국에 근무하고 있었다. 이로 인해 전쟁 전 주로 마른김 장사를 하던 어머니는 거진역에서 고성역까지 공짜로 동해북부선 기차를 타고 오갈수 있었고, 전쟁 전 집에 다니러 온 외할아버지를 처음이자 마지막으로 만났다. 임 씨 어린이의 어머니는 그렇게 이산가

족이 되었으며 전쟁 뒤엔 외가 쪽 할아버지 소식은 들을 수 없었다.

「2019 통일 걷기」는 강원도 고성군 금강산전망대에서 경기도 파주시 임진각까지 동서를 가로지르는 350여km에 이르는 DMZ Demilitarized Zone. 비무장지대 남측 지역과 민통선 Civilian Control Line. CCL 지역을 걷는 일로 2017년 시작하여 2019년 세 번째 행사였다. 정전협정 66주년을 맞는 2019년 7월 27일, 강원도 고성군 금강산전망대에서 12박 13일 일정으로 여정을 시작했다. 출정식에 앞서 2019년 4월 27일 처음 열린 「고성 DMZ 평화의 길」을 먼저 걸었다.

며칠 전부터 짐을 꾸리며 시룽새룽했다. 짐을 늘였다 줄였다 하였으나 배낭은 터질 듯했다. 첫날 집합 장소인 통일전망대 출입신고소로 가기 전 중간에서 만나 함께 가기로 한 이들이 약속 시간에 대지 않아 도롯가에서 뻥뻥맸다. 하늘엔 구름이 오갔으나 공기는 흐리터분했다. 가까스로 통일안보공원 내 통일전망대 출입신고소 앞에 닿을 수 있었다. 파란 조끼를 입은 수많은 사람들을 맞닥뜨리고 보니 또다시 설렘과 불안, 걱정 등으로 흥숭생숭하였으나 승합차는 벌써 동해안 최북단 관측소였던 717 OP observation post, 즉 금강산전망대로 향하고 있었다.

새벽마다 뒤란 곁 신작로에서 웃통을 벗고 내달리던 군인들의 헛둘헛둘 하는 구보 소리에 잠을 깼으며 매일같이 대남 방송을 들으며 등교했다. 라디오 또한 북한 방송이 더 선명하게 잡혔다. 시시때때로 북에서 보낸 '삐라'를 주우러 다녀야 했으며 더구나 삐라를 줍되 읽으면 절대 안 된다는 선생님의 당부가 있었지만 호기심은 두려움을 억누를 만큼 강렬하여 이불 속에서 남모르게 삐라를 읽었다. 마을 냇가 너른 버덩에 훈련을 나온 병사들이 반합을 들고 짠지와 장을 얻으러 마을을 돌 때마다 어린 우리들은 언니, 누나 이름을 팔아서 별사탕이 든 건빵을 얻었다.

오빠와 형들은 민통선인 마을의 큰 산 기스락에 자리한 군부대 병사들과 크게는 패싸움을 벌였고, 작게는 군모를 빼앗는 등의 싸움과 시시비비가 잦았다. 카빈총을 가진 자가 매번 이기는 것도 아니었지만 어린 우리들은 반공 드라마 〈전우〉를 흉내 내며 소나무로 목총을 깎아 전쟁놀이를 했다. 그러면서 신작로를 오가는 '쓰리꼬다'쓰리쿼터와 '제무시GMC'를 만날 때마다 한쪽에서는 건빵을 달라고, 다른 한쪽에서는 태워 달라며 손을 흔들고 소리를 치면서 군용 트럭 꽁무니를 뒤쫓기 일쑤였으나 짐칸에 앉은 병사들은 손에 건빵을 들고 흔들어댈 뿐 쉽게 던져 주지 않았다. 때로는 개울을 건너면서 냇물에 던질 때도 있었으나 어린 우리들에겐 건빵만 눈에 들어왔고, 누구랄 것도 없이 헝겁지겁 물결을 따라 떠내려가는 건빵을 붙잡기 위해 물속으로 뛰어들었다.

이런 나와 달리 1950년대 말 영서인 강원도 홍천군에서 영동인 이곳 강원도 고성군으로 이주한, 시조부모를 비롯한 4대의 살림을 떠메야 했던 집안의 맏며느리이며 올해 여든다섯인 내 어머니는 1960년대 중후반, 70년대 초반을 이야기할라치면 머리부터 절레절레 흔들곤 했다. 시아버지가 마을 '구장'을 맡았던 까닭에 '고정 빨갱이들'을 감시하기 위해 마을에 상주하던 8명의 형사들 밥을 해야 했다. 물론 공짜였고, 우리집 식구 17명과 그이들 포함 25명의 끼니를 해결하려면 한 달에 쌀 세 '가마스'^{그 당시 쌀 한 가마니는 지금과 달리 95kg이었다}가 모자랐다. 봄에 쌀 두 가마니 장리를 먹으면 가을에 쌀 세 가마니로 갚아야 했다. 거기에 구장인 시아버지가 동네 사람들 장리쌀 빚보증을 서는 바람에 집 안에 차압 딱지가 붙었고, 그걸 떼기 위해 금쪽같은 소까지 팔아야 했다. 내겐 8명의 형사들이 동시에 마을에 상주했던 것도 놀라웠지만 더욱 괴이했던 것은 북파 공작원들이 마을에 들어와서 실전 훈련을 했다는 대목이었다.

어린 시절 우리 마을에는 전·현직 군인 가족들이 수두룩했다. 가정 폭력은 일상이었다. 참전했던 이들이었고, 전쟁으로 인한 트라우마였을 것이라는 짐작은 뒤에야 겨우 깨단했다. 또 한편에는 할아버지와 아버지, 청년들이 전쟁 중 월북했거나 실종, 사망했다는 것도 나중에 알게 되었다. 그러나 원주민들 사이에도 '흰 패'와 '붉은 패'로 나뉘었던 이념의 골은 깊고도 검질겼으나 겉으로는 쉽게 드러나지 않았다. 영문을 모르는 어린 우리들은 반공과 멸공으로 무장하여 '때려잡자 김일성, 무찌르자 공산당'을 외치고 다녔다.

우리 마을엔 일제 강점기에 간이 학교로 설립되어 해방 뒤 인민학교로 바뀐 송강인민학교가 있었으며 이곳에 다니다 전쟁을 맞은 어르신들도 있었다. 이웃 마을에 사시던 양 아무개 할머니는 고개를 넘어 인민학교에 다니던 시절 얘기를 할 때면 눈빛이 초롱초롱했다. 장구와 소리에 능했던 그이는 인민학교에서 배운 '장군의 노래'를 들려달라고 할라치면 왼고개를 틀었으나 다음 생에는 '기생'으로 태어나고 싶다는 속내는 감추지 않았다. 전쟁 중에는 거진 읍내에 있던 거진인민학교엘 다녔고, 정전 뒤엔 이웃 마을인 송정리에 새학교를 지으면서 마을에 있던 학교 터는 민간에게 불하되어 지금은 논밭으로 바뀌어 학교는 흔적조차 없었다.

　　민간인 통제선은 'DMZ의 군사 작전을 효율적으로 하기 위해 1954년 2월 미 육군 제8군단 사령관이 직권으로 후방 5~20km에 귀농을 막는 귀농한계선no farm Line을 그었다. 그 뒤 1959년 6월 11일 DMZ 방어 임무를 한국군이 담당하게 되면서 귀농한계선 통제권도 한국군에 이양되었고, 이에 따라 귀농선을 민간인 통제선이라고 이름을 바꾸게 되었다.'[2]

2　　박은진 외, 『DMZ가 말을 걸다』, 위즈덤하우스, 2013, 24쪽

Wind of Change

윈드 오브 체인지

민통선, 걷다—12박 13일의 기록

1부
고성/인제

윈드 오브 체인지

wind of change

민통선, 걷다—12박 13일의 기록

첫날 _ 2019년 7월 27일(토)

첫날은 고성군 금강산전망대에서 거진읍 건봉사까지 29km에 이르는 구간을 걸을 예정이고, 2017년부터 이 구간만 세 번째 오며가며 걷게 되었다. 첫해 민통선을 걷는다는 말에 홀려서 두 번 생각하지 않고 참가 신청했으나 내가 생각했던 그 민통선 길은 아니었다. 그렇지만 자동차로만 오고갈 수 있는 고성군 통일전망대부터 고성군 현내면 명파리까지 그 길을 두 발로 걷는 것만으로도 감격했다. 여전히 군사시설 보호구역이어서 마음대로 움직일 수도 사진을 찍을 수도 없는 길이었지만, 내 걸음으로 바람을 가르며 주변의 공기를 숨 쉬면서 걸을 수 있는 것만으로도 뜨거운 아스팔트 열기쯤은 아무렇지 않게 넘길 수 있었다.

지금은 '평화지역'이라고 부르는 '접경지역'에서 나고 자란 내게 DMZ와 민통선이라는 말은 다층적이고 복합적이면서 불온과 불순, 무서움과 두려움이 뒤섞인 헤집을 수 없는 이상야릇한 그 무엇이었다. 그것은 '수복지구'와 '미해방지구'로는 다 드러낼 수도 감출 수도 없는 유폐된 듯한 변경이면서 또한 드높게 치솟은 산맥을 올려다보면서 드넓은 바다를 향해 나가는 무엇이었고, 또 한편으로는 외부 세계엔 눈길조차 주지 않은 채 비탈진 곳에 낮게 엎드려 두문불출하는 무엇이었다. 이를테면 혜식은 마그마 같으면서 한편으로는 끊임없이 부글거리며 끓고 있는 용암과도 같은 곳이 흔히 말하는 '수복지구'의 한 단면이었다.

　그랬으므로 38선 이북이면서 휴전선 그 사이, 중층의 토대에서 살고 있는 내게 DMZ와 민통선을 걷겠다고 하는 말은 유혹과 매혹, 불안과 공포가 혼재할 수밖에 없는 것이었으나 그 삼엄한 출입 통제가 불러일으키는 현혹은 또 어찌할 수 없는 것이었다. 그랬으므로 노상 나는 큰 산 너머 북녘이 궁금했고, 언제든 그곳에 다가갈 때를 엿보고 있었다. 그리하여 「통일 걷기」라는 이름으로 민통선과 DMZ를 걸을 수 있는 기회가 왔을 때 서슴거리지 않고 기꺼이 발걸음을 내딛을 수 있었다.

　금강산전망대에서 바라다본 북녘은 모처럼 시계가 환히 트여 금강산 채하봉에서부터 낙타봉이라고도 불리는 구선봉 그리고 선녀와 나무꾼의 전설은 물론 양사언의 글씨 이야기가 전해오는 감호와 작은 섬 송도, 말무리반도라고도 불리는 해금강 만물상 구역, 무엇보다 메밀꽃이 하얗게 이는 바다와 희디흰 해안 모래불이 한눈에 들어왔다. 가까이는 금강산으로 향하는 육로와 동해북부선 철길 그리고 산줄기를 따라 들어선 남, 북의 군사시설들과 함께 지난해[2018] 9.19 남북군사

합의에 따라 60여 개 GP^guard post 가운데 11개 GP를 시범 철거하는 과정에서 10개의 GP를 파괴하고 마지막 하나를 원형 보전하여 남겨두기로 한 829 GP, 일명 고성 GP도 눈길을 끌었다. 한국전쟁 정전 뒤 남측에서 처음 설치한 GP로 지난 6월 「고성 최동북단 감시 초소^GP」로 이름이 바뀌어 이젠 분단과 평화의 상징물로 등록문화재가 된 고성 GP는 지금은 파괴되어 흔적만 선명한 북측 감시 초소와는 불과 580m 거리에 있었으며 주소는 고성군 수동면 덕산리 산 1번지였다.

지뢰 표지판

남고성, 북고성

왕수쩡王樹增은 그의 책 『한국전쟁』에서 "1945년 8월 9일 저녁, 미국의 젊은 장교 딘 러스크에 의해 30분 만에 붉은색 연필로 그어진 선이 바로 북위 38도선이었다. 스탈린은 이 선에 대해 반대하지 않았으며, 일본군을 공격하던 소련 적군은 38선에서 공격을 멈췄다"고 적었다. 그리하여 강원도 고성군은 일제 강점기에 이어 1945년 해방 당시엔 38선 이북에 속했던 까닭에 소군정소비에트 민정청을 거쳐 조선민주주의인민공화국 정부가 수립되면서 '인공치하'에 놓였다. 1950년 한국전쟁 과정에서 남쪽 대한민국 국군과 연합군에 의해 수복되면서 이번에는 미군정청재조선미육군사령부군정청, 在朝鮮美陸軍司令部軍政廳, United States Army Military Government in Korea, USAMGIK에 의해 군정이 실시되었고, 1953년 7월 정전협정이 이루어진 뒤에도 1년여 동안 미군정청 관할에 있다가 1954년 11월에 이르러서야 '수복지구 임시 행정 조치법'이 발효되면서 대한민국 행정권이 회복되어 '수복지구'가 되었다. 이에 따라 전쟁 막바지 최대 격전지였던 고성군 수동면은 비무장지대에 속하게 되었고, 그곳을 군사 분계선, 그러니까 휴전선이 지나감에 따라 민간인은 거주할 수 없는 무인 지대가 되었다. 심지어 어떤 마을은 반으로 갈라졌던 까닭에 어른들은 북측에 있는 고성을 북고성, 지금 우리가 살고 있는 고성을 남고성이라고, 지명 사전에도 없는 이름으로 부르고 있었다.

민간인은 거주할 수 없는 행정 지명으로만 남은, 그곳에서 나고 자란 고향을 잃은 이들의 기억으로만 남은, 또 산림 유전자원 보호구역으로만 남은, 아니 그곳에서 살다 사라진 돌이킬 수 없는 그 모든 동식물들과 마을들과 이야기들, 그러면서 물이 많은 고장으로 알려진 고성군 수동면을 떠올렸다. 정전협정에 따라 탄생한 DMZ는 전쟁 중 마지막 군대 접촉선을 군사 분계선, 즉 휴전선으로 하자는 협상에 따라 치열한 공방전이 오고 간 최대의 격전지가 되었고, 그리하여 그곳에 살고 있던 사람들은 제가 살던 삶의 터전을 두고 떠나야 했으며 그렇게 수동면은 살아서도 죽어서도 돌아갈 수 없는 망향의 땅이 되고 말았다.

눈으로 빤히 바라다보면서도 손으로 만질 수도, 냄새를 맡을 수도 없을 뿐더러 한 발짝도 더는 다가갈 수도 없는, 오로지 그 땅에서 나고 자랐다는 이유만으로 아니 그곳을 떠났다는 이유만으로 두 번 다시 그곳에 발 디딜 수 없는 형벌에 처해진 것이나 다름없었다. 하지만 이들은 또 이들대로 곧 고향에 돌아갈 수 있으려니 하는 기대를 품고, 마치 속초 아바이마을처럼 수동면 사비리 등 수동면에서 피란한 이들은 거진 읍내 바닷물이 들어오는 골짜기에 흙을 메워 자신들만의 마을을 만들어서 일명 '새비촌'이라고 불렀다. 그러나 이들은 또 태풍으로 흩어지고, 남았던 이들마저 세상을 떠나고 지금은 이름마저 희미해지고 있었다.

어쨌거나 우리는 이미 군사 분계선과 남방 한계선 사이, 유엔사_{유엔군사령부}가 관할하는 DMZ 남측 지역으로 들어섰다. 군사 분계선, 즉 휴전선은 우리가 상상하듯 철책선으로 가로막힌 경계선이 아니었다. 남과 북으로 갈랐던 38선이 지도상에 그어진 금이었듯 휴전선은 1292개의 말뚝으로 표기했다. '군사 분계선은 제0001호 표지 말뚝을 경기도 파주군 장단면 강정리 임진강변에, 마지막 제1,292호 표지 말뚝을 동해안 고성군 대강리에 세움으로써, 말뚝과 말뚝 간의 직선을 기초로 설정된 선[3]이었다. 그러니까 뉴스 화면에 이따금 비추곤 하는 철책선은 군사 분계선에서 남쪽으로 2km 거리에 있는 비무장지대의 남쪽 경계에 동서로 가로막은 '남방 한계선'이었다.

3 　　김창환, 『김창환 교수의 DMZ 지리 이야기』, 살림터, 2011, 24쪽

가깝고도 먼

DMZ 남측 지역을 자동차로 이동하여 '금강통문'에서부터 걷기 시작했다. 앞뒤좌우로 군인들이 따라나섰다. '정전협정을 평화협정으로'라고 쓴 파란 조끼를 입은 백여 명이 넘는 사람들이 줄지어 철책을 따라 걷는 풍경은 낯설었고, 더구나 걷는 길 왼쪽 해안에는 높고 첩첩한 철책이 시선을 가로막고 있어 기묘한 공포를 불러 일으켰다. 그렇더라도 철책 그 촘촘한 구멍 사이로 한창 주황빛의 참나리꽃과 분홍빛 메꽃이 빼꼼히 고개를 내밀고 있었다. 늦봄이나 초여름이었다면 해란초며 갯메꽃, 좀보리사초, 순비기나무와 같은 화진포 해변에서 볼 수 있는 꽃들과 마주쳤을지도 모를 일이었지만 다가가 손으로 만질 수도 없을 만큼 꽃과 나는 가깝고도 멀리 있었으므로 뜨겁고도 해맑은 한여름 해변이었음에도 걷는 걸음에 힘이 붙지 않았고, 마음속은 여러 가지 감정으로 뒤낭기쳤다.

역삼각형의 지뢰라고 쓴 표지판을 보는 일은 노상 편치 않았다. 우리 마을엔 마을을 휘돌아가는 큰 내가 있었으며 1970년대 초등학생이었던 우리들은 여름이면 등하굣길에 멱을 감고, 돌멩이를 뒤져 물고기를 잡는 등 해찰을 하느라 학

철책 너머 핀 꽃들

메꽃(위) / 참나리(아래)

교 종이 땡땡땡 울리고서야 젖은 몸을 미처 닦지도 못하고 교실로 뛰어 들어가는 일이 흔했으므로 선생님들도 그것을 굳이 타박하지 않았다. 그러던 어느 날 동생과 같은 반이었던 아무개가 냇가에서 대인 지뢰에 발목을 잃었다. 발목 지뢰 등으로 불리는 참치 캔 크기의 M14 대인 지뢰는 물론 어른 목침만 한 직사각형의 M3 대인 지뢰는 폭약을 제거한 뒤 고물로 팔기도 하고 모탕과 같은 받침으로 쓰는 일도 잦았으므로 우리에겐 익숙했다. 하지만 폭약을 제거하지 않은 지뢰는 그대로 무기였고, 이 지뢰들은 큰물이 지거나 시위가 들면 큰 산, 건봉산에서 흔하게 떠내려왔으므로 아니 그전에 벌써 마을 앞산엔 전쟁 전후로 심어 놓은 지뢰가 흔했으므로 지뢰 사고는 피할 수 없었다.

지뢰 폭발로 파괴된 굴착기

DMZ와 민통선의 지뢰

한반도 DMZ와 민통선은 지뢰 밀집 지역으로 DMZ 지뢰 매설 수는 무려 100여 만 개로 추정하고 있다. 안전하게 제거하려면 500여 년이 걸린다는 지뢰는 여전히 살아 있는 생물로 적군과 아군은 물론이거니와 너와 나, 남녀노소를 구별하지 않았다. 특히 플라스틱 재질로 된 M14 대인 지뢰, 발목 지뢰는 썩지도 않아서 여전히 공포의 대상이었다.

2019년 7월 「고성 DMZ 평화의 길」을 걷던 우리는 2003년 해안 초소 전봇대 작업을 하다 지뢰 폭발로 넘어진 굴착기를 그대로 전시해 놓은 길옆을 지났다. 풍경은 사뭇 고요하여 아름다웠을 뿐만 아니라 바람도 불지 않은 한여름 뙤약볕 아래 녹슨 굴착기는 모래 바닥에 반쯤은 파묻힌 채 옆으로 쓰러져 있었다. 설명을 따로 붙이지 않았더라면 아마 전쟁 중에 망가진 것일 게라고 어림짐작했을 수도 있었을 것이나 눈으로 보면서도 굉음과 아우성을 실감하지 못했다. 어쩌면 그것은 내부자의 시선 때문일지도.

어린 우리들이 할 수 있었던 일은 위문금을 모아서 그것도 월요일 아침 애국 조회 시간에 운동장에 모두 모여 교장 선생님이 직접 봉투를 전하는 것이었고, 전교생 앞에서 호명된 아무개는 목발을 짚고 겅중겅중 뛰어나와 교장 선생님으로부터 봉투를 받아 들었고, 한여름 뙤약볕 아래 서 있던 우리들은 기껏 짝, 짝, 짝 박수를 쳤다. 지금도 그때를 떠올리면 부끄러움으로 얼굴이 달아오르면서 목이 멨다. 60~70년대 우리 마을에서는 그와 같은 지뢰 사고가 여러 번 있었고, 지뢰 사고로 가족을 잃은 집들은 또 거의 다 마을을 떠났다. 그러나 그것으로 국가에 대한 책임을 묻기보다는 그저 한 개인이 부주의하여 사고를 당했다고 여기는 쪽을 택하도록 우리는 교육받았다. 국가에게 오류를 인정하라고 요구하는 일은 감히 일개 개인으로서는 부적절하고 부당한, 할 수 없는 일이었으므로.

한바탕 꿈일 법도 한

쪽 빛으로 빛나는 바다는 더 없이 맑고 푸르렀지만 발 한번 담글 수 없었으므로 그저 흰빛으로 반짝이는 모래불을 눈으로 담으면서 앞선 사람들 뒤를 무심히 따르다 어느 순간 기역 자로 꺾이는 곳을 돌아들다 걸음을 멈췄다. 지뢰 표지판 너머 멀리 감호의 배경으로 넉넉한 낙타봉이 한눈에 들어왔고, 몸을 돌리자 이번에는 또 통일전망대가 우뚝하여 눈길을 사로잡았기 때문이었다. 차라리 한바탕 꿈일 법도 한 그곳에 서서 잠시 숨을 고르며 수동면 삼치령^{삼재령}에서 발원하여 해금강 남쪽을 돌아 동해로 흘러드는 남강을 떠올렸다. 남강은 물론이고 건봉산 고진동 계곡^{수동천}은 마을 어른들이 자주 입에 올리는 지명들이었다. 마을에서는 볼 수 없는 산양, 반달곰, 사향노루와 함께 마을 냇물에서 사라져 이제는 볼 수 없게 된 칠성장어와 송어, 곤들메기를 입에 올릴 때면 안타까운 탄식과 함께 호명되는, 민간인 출입을 엄격하게 통제하는 민통선은 시나브로 북쪽으로 북상하고 있었음에도 언제 다시 그곳에 가볼 수 있으려는지 아득하기만 한.

시리도록 푸른 하늘을 잠시잠깐 올려다보면서 왼쪽으로 펼쳐진 희디흰 모래불을 가로막은 철책을 힐끗거리면서 그러다 오른쪽에 지뢰 표지판을 매달고 있는 철망을 넘어 산 뿌다구니를 관통하는, 텅 비어 오히려 더욱 커다랗게 보이는 기차 굴과 맞닥뜨렸다. 옛 동해북부선 통전터널로 알려진 굴

통전터널

이었다. 한국전쟁 당시 인민군의 물자 수송 등을 막기 위한 폭격으로 기찻길은 다 망가졌지만, 고성군 관내에는 가진터널과 마차진리에 현내터널 배봉리 쑥고개 옆에 배봉터널 그리고 지금은 통전터널로 불리지만 초구터널이라고 해야 할 기차 굴이 있었다. DMZ 박물관에서 북쪽 통일 전망대로 향하다 보면 오른쪽 산 뿌다구니와 바닷가 사이로 보이던 그 터널을, 오래 전에는 '조국 통일'이라고 커다랗게 써 붙였던 그 굴을 반대쪽에서 보고 있으려니 그야말로 입이 벌어졌다. 일제 강점기 때 만들어졌고, 한국전쟁 뒤 사라지고 만 동해북부선은 강원도 양양에서 함경남도 안변에 이르는 192.6km에 이르는 철길이었다. 정전 뒤 딱 한 번 열렸다 다시 닫힌.

휠체어와 자동차로는 오를 수 없는 해안 기슭, 물매가 가파른 긴 나무 계단을 걸어서 통일전망대 마당에 섰다. 그러니까 「고성 DMZ 평화의 길」, 즉 A코스(도보 이동 2.7km가 포함된 전체 길이 7.9km)를 거꾸로 걸어서 왔던 것이었다. 처음 고성 평화의 길이 열리기를 기다려 두루누비를 통해 참가 신청하였으나 당첨되지 않아 몹시 안타까워했던 그 길을 아무런 기대도 없었으나 걷게 되었다. 하릴없이 걸으면서 평화를 원하면 평화를 준비하라는 말을 가만히 여새겼다. 출정식이 시작되는 동안 1984년 문을 연 통일전망대 낡은 건물을 곁에 두고 2018년 12월 새롭게 문을 연 지상 3층, 높이 34m에 이르는 D 자형의 〈고성 통일 전망 타워〉 건물을 뚜렛뚜렛 올려다보았다. 지난 4월에도 '평화 손잡기 행사'에 참가하여 건물을 보았고, 공사를 진행하는 사이 간간이 보았으나 아무래도 건물은 무척이나 크고 높아서 위압감이 들 지경이었다. 그렇더라도 그 크기만큼 통일을 염원하고, 세상에 평화의 기운이 넘쳐흐르기를 바라는 마음 또한 없지 않았다.

민간인은 거주하지 않는 현내면 사천리, 동해선남북출입사무소를 겸한 제진역 표지판을 힐끗거리며 걷던 마음이 현내면 명파리에 이르러서는 더욱 답답해지는 것은 또 어쩔 수 없었다. 2008년 이후 금강산 관광이 중단되면서 비단 명파리

명파리

고성군 현내면 명파리는 귀농한계선에 관한 관할권이 한국군으로 이양되기 전인 1957년 5월, 민통선 정책의 하나로 50세대 300여 명이 귀농선을 넘어 입주한 곳[4]으로 이 가운데 원주민은 9세대에 불과했다.

금강산 가는 길 명파리 마을 전경

4   박은진 외. 『DMZ가 말을 걸다』. 위즈덤하우스, 2013, 25쪽

뿐만이 아니었지만 마을은 말 그대로 바람만 오가는 적막강산이 되었다.

명파리 한 음식점에서 점심을 먹은 뒤 다시 길을 나섰다. 음식점은 명파천 곁에 있었고, 명파천을 사이에 두고 산 기스락에 새길이 생겼으나 채 열리지 않아서 옛길로 걸어야 했다.

새길은 고성군 현내역과 제진역을 잇는 그러니까 배봉리와 명파리를 지나는 동해북부선 철길이었다. 그동안 지뢰지대여서 출입을 하지 못하였으나 몇 해에 걸쳐 지뢰를 제거하고서는 확포장 공사를 하기에 이른 것이었다. 명파리로 이주하여 고비를 꺾어 기찻길 옆에 집을 마련하신 한 어르신에 따르면 배봉리 쑥고개에 검문소가 있던 시절엔 검문소 통과가 여의치 않을 때는 배봉터널로 숨어들었다고. 확포장한 기찻길과 이어진 지금은 지뢰를 제거한 뒤 어린 나무들이 자라고 있는 야산을 둘러서 산속 오솔길을 걸어서 마을로 돌아왔다고.

배봉리 쑥고개에 있던 검문소에서 군의 검문을 받아야만 들어갈 수 있었던 민통선 마을이었던 명파리는 1995년 6월 마을 북쪽으로 검문소가 이전하면서 민통선 마을에서 해제되었다. 90년대 초 어느 날 취재를 하기 위해 마을에 들어 갔다가 명파다리에서 일명 '승일교'라고 불리던, 낡삭고 망가 진 채 남아 있던 다리를 바라보고 섰다가 다리를 건너던 지 프를 탄 군 장교에게 느닷없이 불심 검문을 당했다. 스멀거 리던 공포감은 황당함과 불쾌함을 앞질렀다. 접경 지역인 고 성에서 태어나 어린 시절을 보낸 내게 군은 여전히 편치 않은 원체험으로 남아 있었다. 초등학교 동창의 아버지는 민통선 인 큰 산, 건봉산에 들었다가 군인들이 쏜 총에 맞아 절명했 고, 군부대에서 탈영한 병사는 마을 한가운데서 군인들이 쏜 총에 맞아 죽었다. 그렇더라도 어느 해는 여름휴가를 온 큰 오라비와 함께 명파천에 스며들어 은어를 잡기도 했었다. 그 러나 이젠 남북 합작교로서 의미가 있었던 승일교는 그 흔적 마저 사라지고 없었다.

멈출 수도 돌아갈 수도 없는

볕나는 한여름, 아스팔트로 포장한 도로를 걷 는 일은 고역이었으나 그렇다고 멈출 수도 돌 아갈 수도 없었으므로 묵묵 걸음을 옮겼다. 현내면 배봉리,

마달리, 화곡리 등은 낯익은 길이었으나 주변 풍경은 또 어제와 다른 그 길을 걷다가 거진읍 용하리 산두마을에 들어섰고, 마을 한가운데를 가로지르는 큰길에서 뜻밖에 노인이 된 임 씨 어린이를 만났다. 임 씨 노인은 올해 여든 셋이 되었고, 산두마을에 시집와 육십여 년째 살고 있었다. 나를 본 노인은 기막힌 듯 더 더워야 한다며 덕담인지 탄식인지 알 수 없는 말씀을 했다. 노인에겐 평화보다는 전쟁에 대한 감각이 훨씬 생생했으므로 어쩌다 한자리에 앉아 텔레비전이라도 볼라치면 서로 언성을 높이기 일쑤였다. 그리하여 지난해 2018 봄 남북정상이 만난 뒤 잇달아 정상회담을 열고 불구대천의 원수였던 북한과 미국의 정상이 한자리에 앉고, 마침내 올해는 남·북·미 세 정상이 한자리에서 손을 잡고, 그 사이 남북 군사합의에 따라 DMZ 내 열 개의 GP를 완전 파괴하고, 철원 화살머리고지에서는 유해를 발굴하고 있으며 그런 가운데 제일 먼저 강원도 「고성 DMZ 평화의 길」이 열렸으나 노인은 여전히 또 다른 정치놀음일 뿐이라고 개탄했다.

　우리 마을 큰 산 건봉산엔 대포 타깃장이 있었고, 북에서 미사일을 쏘든 쏘지 않든 이따금 귓가를 쟁쟁 울리는 대포알 날아가는 소리와 함께 대포알 터지는 소리를 들어야 했다. 노인이 살고 있는 집 앞 논배미에서는 전쟁 때 흘린 대포

알이 나오기도 했으며 마을에서 가깝게 지내는 이웃사촌은 지뢰 폭발로 밭을 갈던 아버지와 황소를 한꺼번에 잃기도 했다. 그러나 전쟁을 경험하지 않은 나는 전쟁 반대를 외쳤고, 전쟁을 경험하고 특히 전쟁으로 인해 학교 공부를 다 마치지 못한 것을 몹시 억울해 하는 노인은 전쟁 운운하였다. 이 간극은 좀처럼 좁혀지지 않고 있었다.

용하리에서 송강리를 잇는 길 양쪽으로 태양광 모듈이 즐비한 산길을 넘어 건봉사로 향했다. 내가 살고 있는 마을이라고 별다를 게 없었으나 우리 마을에서는 그저 큰 산이라거나 까치봉이라고 부르는 건봉산 주소가 고성군 수동면 고미성리였고, 우리 마을은 거진읍 송강리였으니 큰 산 아래 군부대 옆을 지날 때는 또 가만히 있지 못했다. 그것은 다름 아닌 산 기스락, 군도 2호선(건봉사–송강리)을 따라 높다랗게 쳐놓은 철책 때문이었다. 건봉사를 오고가는 관광객들에게 검문검색을 하지 않는 등의 편의를 제공하기 위해 2018년 9월, 철책을 치고 CCTV를 설치했다. 그렇지만 실제 마을에 거주하는 주민들은 불편하기 이를 데 없었다. 특히 지난 가을 버섯 철엔 갈등이 절정에 달했다. 군부대는 안전을 이유로 마을 주민들은 가욋벌이를 이유로 서로 한 치도 양보하지 않았다. 수십 년 동안 마을 주민들은 가을이면 큰 산에 들어

버섯을 땄다. 있던 철책도 없애는 마당에 없던 철책을 새롭게 세운 까닭을 몰라서 주민들은 분통을 터뜨렸다. 벼가 고개를 숙이자 앞산에 있던 멧돼지들이 철책을 넘지 못하고 한꺼번에 마을로 쏟아져 들어오기 시작하여 산 기스락에 논이 있는 농부는 논배미 근처에 텐트를 치고 밤을 새워야 했다.

건봉사까지 남은 거리가 2.5km라고 표지판은 알리고 있었으나 아스팔트로 포장한 길은 좀처럼 줄어들 기미를 보이지 않았다. 이따금 집에서 건봉사까지 걷고는 했지만 표지판을 꼼꼼히 살피지는 않았다. 하지만 걸음이 지치니 표지판 거리 표기마저 점점 믿지 못하는 지경에 이르렀다. '가도 가도 붉은 황톳길 숨 막히는 더위뿐이더라'고 한 한하운 시인의 싯귀를 응얼거렸다. 함께 걷는 이들도 기진맥진, 건봉사는 어디에 있는 것이냐는 질문이 끊이지 않았다. 건봉사는 첫날 마지막 도착할 곳이었고, 하룻밤 유숙할 장소였다. 걸음을 서두르느라고 서둘러도 약속한 저녁 식사 시간은 이미 어긋났으나 내겐 그리 중요한 일은 아니었다. 건봉사에서 하룻밤 묵을 것이었으므로. 그렇더라도 부도전도 건너뛰고 일주문 앞에 다다랐다.

민통선에서 해제되고 얼마 안 되어 여름방학을 맞아 고

고성 건봉사

1989년 민통선에서 해제된 건봉사는 그 전까지는 부처님 오신 날, 즉 사월 초파일 하루만 민간에게 개방되었다. 지금 대웅전 옆에 있는 요 사체엔 '군 법당'이라는 간판이 걸려 있었으며 경내엔 군부대가 주둔하고 있었다. 건물이라고 할 만한 것이라고는 폭격 속에서도 용케 건재한 불이문과 전쟁 뒤에 지은 법당뿐이었고, 적멸보궁 건물도 뒤에 생겼으며 그 자리엔 지금보다 낮은 자리에 탑과 비만 있었다. 전두환 집권 시절인 5공 때는 이곳 적멸보궁 사리탑에 봉안하고 있던 부처님 치아 진신사리를 도둑맞았다 되찾는 등 우여곡절이 있었다.

건봉사 불이문

향에 계신 작은집을 찾았던 것은 오로지 건봉사에 가기 위해 서였다. 한여름 불볕나는 무더위 속을 걷다가 자동차를 얻어 타고 도착한 자리에서 만난, 무엇보다 법당에 들러 예불도 드리지 않은 내게 스님께서 타주셨던 사발에 담긴 커피 한 잔은, 자동차 주인들이 뭐라 뭐라 하는데도 스님께서는 여기까지 오는 그 마음이라면 이미 법당에 들러 예불을 드린 셈이라고, 200미터 지하에서 퍼 올린 석간수로 탄 커피라는 말씀으로 그 타박을 물리쳤다. 그 커피 맛은 오래도록 입안을 맴돌았다.

그때 그 허허롭던 공간은 내 상상 속에서는 무한 확장하였으나 지금은 리영희 선생이 쓰신 '그때의 북한의 건봉사 스님들은 지금 어디에?'[5]라는 글에 묶여 있었다. 일제 강점기 독립운동의 본거지이기도 했지만 친일 행적의 공간이기도 했던 건봉사는 한국전쟁 당시 미군의 폭격으로 인해 그야말로 초토화되었으나 초등학생이었던 우리들은 인민군들이 불을 질러 수백 칸에 이르는 절이 불탔다고 교육받았다. 90년대 초까지 건봉사 대웅전 앞 안내판에도 그리 적혀 있었다.

---

5   리영희, 『스핑크스의 코』, 까치글방, 1998, 49쪽

전쟁의 화마 속에서도 용케 버텨낸 불이문 돌기둥엔 총탄 자국들이 선명했으나 지금은 석회로 모두 메워 흔적을 감췄다. 진실은 주머니 속 송곳처럼 뾰족하여 감춘다고 감춰지는 것도 아닐 것이었고, 보이지 않는다고 볼 수 없는 것도 아닐 것이었다.

　어쩌다 집에서부터 시오리 길을 시적시적 걸어서 건봉사에 가곤 했다. 어느 날은 점심시간 공양간에 들러 공양을 할 때도 있었고, 또 어느 날은 부도전에 앉아 바람소리만 듣다 돌아오는 날도 있었다. 봄날이면 봄꽃들로 만발한 경내를 휘적휘적 돌아칠 때도 있었으며 여름이면 살구나무 그늘에 앉아서, 가을이면 또 가을대로, 눈 내리는 겨울은 또 어떻던가. 이제는 멀리 거진읍 해상리로 돌아서 가지 않아도 아무 때나 마음이 동하면 걸어서 갈 수 있는 곳이 되었으나 아무래도 내겐 보림암 터인지, 보리암 터인지 모를 어느 해 어머니와 함께 찾았던 그저 마을에서는 '여승터'라고 부르던 큰 산, 건봉산 골짜기에 있던 폭격으로 폐허가 된 암자 터에 오래 마음이 머물고 있었다. 하지만 그곳은 또 아무 때나 마음 내킬 때 갈 수 있는 곳이 아닌 민통선이었다. 지붕이 그대로 내려앉은 채 기와 파편들이 아무렇게나 흩어져 있던, 이제는 나무들로 메숲진 그곳, 여승터를 잊지 못했다.

윈드 오브 체인지
wind of change

민통선, 걷다–12박 13일의 기록

이튿날 _ 2019년 7월 28일(일)

절은 유별했다. 어린 시절 할머니를 따라 절에도 가고 굿마당에도 갔으나 절 쪽으로 기울어진 것만은 틀림없는 듯 이따금 대웅전 부처를 향해 예불했다. 그것은 소소한 인연들이 일궈낸 결과였다. 산길을 걷다 느닷없이 꺾어 들어간 암자에서 만난 노스님, 비구니 스님이 내주신 차와 사탕에 현혹되어 슬그머니 대웅전 문턱을 엿보게 되었고, 어느 날은 묵언 수행한다는 큰절 수련회에 참가하여 천 배를 올리기도 했다. 그럼에도 여태 반야심경 한 줄 외우지 못했으나 그쯤은 또 아무렇지도 않게 눙치며 경내를 흥글벙글하며 돌아다니곤 했다. 그런 곳이었으니 열에 들뜨던 걸음이 자연스레 차분해졌으며 저녁 공양 또한 입이 달지 않을 수 없었다. 그러나 세상에 우렁각시 따위는 없었으니 다른 이가 해준 밥은 그래서 더욱 고마웠다.

한방에 배정된 이들이 오지 않아 작은방을 혼자 썼으나 이부자리가 없었다. 중복을 지난 삼복중이어서 더위는 채 가시지 않았지만 밤하늘엔 별이 총총하고 장마 중인지라 계류는 거세찼다. 건봉사 명부전에는 한국전쟁 전후로 전사한 삼천여 남북 군인들 위패가 모셔져 있다는 현담 주지 스님의 말씀이 귓가를 맴돌았다. 새벽녘에 하현달을 보았으나 꿈인지 생시인지 아리송했다. 그리하여 생각은 가까운 건봉사 등공대에서 어느 해 금강산 관광길에서 만났던 금강산 신계사에 이르렀다가 서산 개심사에 이어 멀리 조계산 송광사와 선암사와 더불어 해남 미황사까지 가지를 쳤다. 어느 해 내게 무언가를 나눠 주셨던 그러나 이젠 다른 세상에 계실 스님들과 혈육들을 떠올리는 일은 언제나 가슴 먹먹한 일이었지만 이승과 저승의 경계는 분명할 터이니 그만 짐을 꾸렸다.

국사 신께서도 잠을 깨셨을 테니 아침 공양 전에 경내를 한 바퀴 돌았다. 공사 중인 극락전을 지나 아름드리 고묵은 소나무에게도 인사하고, 적멸보궁에도 들었다가 물러났다. 불이문 곁 오래 묵은 팽나무 곁으로 되돌아오는 길에 살구나무 옆 연못도 다시 한번 둘러보았다. 날일日자 모양의 연못이 일제 강점기에 일본을 상징하기 위해 만들었다는 글을 본 뒤로는 이따금 그곳에 쪼그리고 앉아 어리연꽃과 연꽃을 들여다보는 일이 마냥 좋기만 한 것은 아니었다.

조선 사찰령

일제 강점기인 1911년 조선총독부가 〈조선 사찰령〉을 발표하면서 전국 1,300여 사찰을 30(31)개 구역으로 구분한 삼십본산제를 시행했고, 1924년에는 구례 화엄사를 포함하여 삼십일본산이 되었다. 이때 본사 주지는 조선 총독이, 말사 주지는 도지사가 임명하게 되었다. 건봉사는 본사로서 고성군, 인제군, 양양군, 홍천군, 양구군에 위치한 28개의 말사를 거느리게 되었다.[6]

 이렇게 '산중공의제도'라는 자율권을 박탈당한 불교계에서, 이를테면 1920년 만해 한용운 등이 조선불교유신회를 결성하게 된 배경이 바로 이 조선 사찰령이었다.

---

6   김광식 엮음. 「금강산 건봉사의 역사와 문화」. 인북스, 2011, 34쪽

동자꽃

타자를 상상하며

건봉사 경내 주차장에는 만해 한용운의 시비뿐만 아니라 '출정가'를 새긴 조영출의 시비가 있는데 이를 볼 때마다 여러 생각이 복잡하게 얽히곤 했다. 조명암이라고도 알려진 조영출은 일제 강점기에 건봉사 봉명학교에서 수학한 후 한용운의 추천으로 서울 보성고등보통학교에 입학하여 졸업하였다. 이후 일본 와세다대학교 불문과를 졸업하여 극작가, 작사가, 연출가로 활동하였다. '1941년~44년 초까지 지원병을 선전선동하고 대동아공영권을 찬양하며 침략 전쟁에 협력하는 노래 가사를 다수 지었[7]으나 1948년 대한민국 정부가 수립되자 월북하여 북한 교육부 부상 등을 지내고 사후에는 애국열사릉에 안장되었다고 알려졌다. 친일 청산에 가혹했다고 알려진 북한에서 그토록 많은 친일 가요를 작사한 이가 어떻게 체제에 안착했는지 몹시 궁금했으나 과문한 탓에 아무것도 알지 못했다.

아침 공양 자리에 앉으니 지난밤 잠자리 때문에 힘들었던

---

[7] https://terms.naver.com/entry.nhn?docId=549088&cid
=46664&categoryId=46664

이야기가 쏟아졌다. 누구에겐 덥지 않았던 잠자리가 또 누구에겐 모기와 더위로 고통스러운 잠자리였다니 같은 공간이라고 해서 같을 수 없다는 걸 새삼스레 절감했다. 어쩌면 수십 명이 한꺼번에 움직였으니 그래서라도 타자를 상상하는 일을 멈추지 않아야 하는지도 몰랐다. 얼굴이 낯익다고 그이를 아는 것도 아닐 테고, 처음 대면했다고 또 모를 것이라고 지레짐작할 필요는 없을 테지만 때때로 낯가림이 심했으므로 그래서라도 걷는 시간을 기다렸다. 아직 고성 관내를 벗어나지 않았고, 진부령 미술관까지는 아는 길이라고 해도 그와 다르지 않을 것이었으므로 슬그머니 걱정이 앞섰다. 첫해에 고작 이틀 째 걷던 중 발에 생긴 커다란 물집으로 웃지 못할 별명을 얻었기 때문이었다. 걷는 일에 어느 정도 익숙하다는 자만이 여지없이 깨졌다.

불이문不二門 앞에 모였다. 건봉사는 한국전쟁 와중에 인민군이 북으로 후퇴할 때 중간 집결지였고, 미군은 이곳에 대규모 폭격을 가했다. 주민들 가운데 집결지에서 이탈하거나 도망하여 월북하지 않은 이들도 있었던 것처럼 미군의 무차별 폭격에서 유일하게 성한 채로 남은 건물이 바로 이 불이문이었다. 현판은 해강 김규진의 글씨다. 진리는 둘이 아닌 하나라고 역설하고 있으나 중생과 부처, 생과 사가 다르지 않고 하나로 연결되어 있다는 대목에서 매번 고개를 갸웃거리는 나로서는 해강 김규진의 약력을 되작거리고 있었다.

준비운동을 마친 뒤 출발하였다. 가막골 고개를 넘어 간성읍 광산리 경로당 앞을 지난 다음부터는 아스팔트 포장도로를 걷다 북천 냇가로 들어섰다. 넘실거리는 냇물을 곁에 끼고서 걷는 일은 퍽 즐거웠지만 발 한번 담그지 못하고 내처 걸어야 하는 일은 언짢았으나 그 또한 혼자 걷는 길이 아니었으므로 일행을 쫓아 길을 줄여나갔다. 연어와 은어가 올라오고 꾹저구와 꺽지, 곤들메기가 헤엄치고 있었을 테지만 서둘러 걸음을 떼는 수밖에. 소똥령 유아숲 체험원에서 '버스킹'이 있을 것이란 말에 어느 정도 위안을 얻었으나 그렇다고 간성읍 장신리, 소똥령마을 부녀회에서 만든 점심밥을 먹지 못하는 섭섭함이 가시는 것은 아니었다. 점심을 먹기에는 매우 이른 시간이었지만. 그런데 체험원에 들어서자마자 커피 트럭이 눈에 들어왔다. 맛있는 음식 앞에서는 언제든 마음이 풀어졌던, 한여름 솔숲에서 마시는 따뜻한 커피 한 잔에 옹이졌던 마음은 간데없고 입이 헤벌어졌다.

커피라면 한국전쟁 중에 남진하던 중국인민지원군에 관한 일화가 떠올랐다. 1950년 겨울 남진하던 중국군 병사들이

노획한 미군 물품 가운데 커피가루가 있었다. 커피가루를 처음 본 병사들은 맛은 한약처럼 쓴데다가 배고픔을 해결하는데 도움이 되기는커녕 쓸데없는 짐만 될 뿐인 이 이상한 물건이 미군들에게는 없어서는 안 되는 보물 같은 것이라는 사실을 이해할 수 없었다. 그리하여 이 물건을 노획한 중국군 제

커피 트럭

39군 선봉부대는 미군 커피 전부를 전진 노선을 안내하는 표
시로 눈길에 뿌렸다는 이야기였다.[8]

8 　왕수쩡. 『한국전쟁』. 나진희. 황선영 역. 글항아리, 2013, 566쪽

함께한다는 것은

숲에서 울러 퍼지는 노랫소리에 잠시 시름을 잊 었지만 그렇다고 걸어야 하는 길이 줄어드는 것은 아니었으므로 마음은 조바심이 났다. 임도^{임산도로}로 만 들어졌을 산길은 이제 '백두대간 트레일'이라는 이름으로 바 뀌었다. 깎아지른 절개지 공사를 마친 곳도 있었고, 매우 너 른 산을 모두베기한 뒤 어린 나무를 심어 놓은 곳도 있었지 만 어쩐지 산이 헐벗었다는 느낌을 떨쳐내기는 어려웠다. 길 섶에 노루오줌과 개다래, 동자꽃과 같은 식물들이 더러 눈에 띄었으므로 산을 모두베기하지 않았더라면 더 많은 식물과 동물들 흔적을 볼 수 있지 않았을까 하는 아쉬움이 쉬이 가시 지 않았다. 그것은 어쩌면 간성읍 흘리^{屹里} 군유지에 태양광 발전소를 세울 것이란 소문 때문이었는지도 몰랐다. 꽃 피지 않고 새 울지 않는, 짐승들 발자국이 사라진 숲은 숲일까. 장 신리에서 흘리로 이어지는 산길 주변은 그렇게 민둥산에 가 까웠다.

앞뒤 사람들과 거리는 어느새 가늠할 수 없을 만큼 멀어 졌고, 포장도로가 아닌 것만이 어쩌면 위안이었을 길을 지 르밟으며 걸음을 줄여나갔다. 골짜기를 쏟아지듯 내리달리는 계류도 건너뛰고 그러다가 아름드리 소나무를 만났다. 언제부터 편애하게 되었는지 기억조차 하지 못하는, 언제 어디서 만나든 고목은 소나무는 그야말로 없던 기운도 샘솟게 했으나 이번에는 눈으로만 담은 채 그대로 지나쳤다. 흐리터분하던 하늘이 그예 비꽃을 흩뿌리기 시작했다. 전망대 쉼터도 스쳐지났다. 길은 구불구불 휘돌아가고 있었고 세 번째 걸음이었으니 나도 모르게 자꾸 옛 기억을 소환하고 있었다. 재구성되기 일쑤인 것이 기억일 테지만 어떤 장면은 매우 선명하고 또렷해서 고개를 저었다.

흘리에는 1950, 60년대 함석헌 선생이 관여한 농장과 교회가 있었고 지금은 빈 터가 되었다는 소식을 드문드문 듣고 있었다. 고성군 관내에는 1901년 선교사에 의해 세워진 교회를 비롯하여 백 년이 넘는 교회가 꽤 많았다. 이것이 해방 이후 인공 치하가 되면서 반공의 단초를 제공했을 것이라고 짐작했다. 일제 강점기 신사 참배를 반대하며 저항했던 기독교인들은 해방 뒤 공산주의자들과 물리적으로 충돌하게 되었고, '1945년 11월 평안북도 용암포에서 집단적인 첫 충돌이 일어났'[9]다. 체제와 반체제, 공동체와 개인, 순국과 순교의

---

9   윤정란, 『한국전쟁과 기독교』, 한울엠플러스(주), 2016, 62쪽

거리는 얼마큼일까, 이따금 궁금하게 여겼다.

때로는 같은 길 위에 함께 있는 것만으로도 위안이 되기도 하지만 여전히 낯선 사람들 틈에서 밥을 먹어야 하는 일은 편치 않았다. 산길에서 점심으로 나눠준 주먹밥이 그래서 달가울 리 없었지만 첫해 그 근처에서 물집 때문에 차를 타고 이동했기 때문에 밥을 먹었다. 이번에 전체 일정 참가 신청을 하면서도 가장 걱정했던 것은 민폐 여부였다. 취지에 공감, 동의한다고 해도 서로를 모르는 수십 명이 함께 움직여야 했고, 하루에 최소 25km, 최대 30km 이상 강행군할 것이었으며 무엇보다 날씨를 가늠할 수 없는 한여름 삼복중이었다. 혼자 또는 둘이 걷는 일에는 익숙했지만 낯모르는 이들과 함께 열흘 이상을 걷는 일이었고, 뒤에 합류하겠다고 했던 지인들의 참가 여부가 불투명한 상태에서 혼자 참가 결정을 했던 터였다. 그래서라도 내부에서 운용하는 규칙을 잘 따를 필요가 있었다. 길막이가 있는 백두대간 트레일 임도 구간 입새에서 걸음을 쉬었다.

걷다 보니 비옷을 입은 채 가을 김장배추를 심는 이들이 보였다. 외국인 노동자들이었다. 우리 마을에도 이웃 마을에도 국적이 다양한 결혼 이주 여성들이 있었고, 읍내에 나가면 더 자주 흔히 볼 수 있었다. 가진항에서 자신의 배를 가지고 고기잡이를 하는 어부에 따르면 어부들 태반이 외국인 이주 노동자라고, 처우가 예전보다 나아졌지만 여전히 미흡하다고, 그이들이 없으면 고기잡이가 어려울 지경이라고, 했다. 봄철 모내기철이면 이제는 모자라는 일손을 인력 중개소를 통해서 온 이주 노동자들이 보태고 있었다. 그러나 이들 결혼 이주 여성, 외국인 이주 노동자에 대해 대중 매체가 전하는 소식은 여전히 끔찍하고 암울했다. 우리 작은 할아버지네는 흘리 작은집으로 불렸다. 할아버지의 애오라지 하나뿐인 동생, 작은할아버지는 일찍이 서당 공부를 작파하고 만주 벌판을 떠돌다 귀국하여 마지막 정착한 곳이 흘리였고, 그곳에서 생을 마감했다. 고향을 떠난 우리들은 다 이주자들 아닌가.

흘2리 '안심회관'을 흘낏거리며 지났다. 마을회관만으로는 정체성을 드러내지 못한다고 여기는 것인지 궁금했다. 물론 마을이 높은 곳에 있고 겨울이면 눈도 많이 오는 곳이라는 걸 모르지 않았으며 그리하여 새롭게 지은 건물이라는 걸 알고 있었지만 그래서라도 안심은 불편을 가리기 위한 방편은 아닐까 의심했다. 마산봉 기슭을 지나면서 잊을 만하면 재개장 얘기가 나오는 알프스 스키장을, 이제는 거의 폐가 같은 알프스 리조트를 바라다보았다. 일제 강점기에 시작되었고 1976년 국내에서 두 번째로 개장하여 명성을 떨치다 2006년 경영 악화로 문을 닫았다고 하는. 방학이면 스키장에 아르바이트하러 간다고 좋아하던 이들을 떠올렸다. 그러나 무엇이든 영생불멸하는 것은 없는 듯 이제는 옛 영화를 간직한 낡은 가게들만 자리를 지키고 있었다.

동자꽃이 듬성드뭇한 백두대간 종주 기념공원을 지나 드디어 진부령 미술관 앞에 모였다. 진부령 미술관은 1998년 간성읍 흘리 출장소가 폐쇄된 뒤 그 자리에 2000년 개관했다. 문화 불모지에 가까운 고성군에 바우지움 조각 미술관과 함께 두 개 있는 미술관 가운데 가장 먼저 생겼다. 명태가 많이 잡히던 70년대에는 거진 읍내에도 영화관이 있었을 정도로 번화한 고장이었으나 이젠 그것도 다 옛말, 고성군 인구는 3만 명을 넘지 못하고 있었다. 바다는 어황이 나빠졌고 육지는 남북 왕래가 막힌 뒤 몰락은 더욱 급격했다.

숙소인 국회 고성 연수원까지 승합차를 타고 이동했다. 간성읍 흘리 진부령 고개에서 토성면 도원리까지는 미시령이든, 진부령이든 영을 넘어야 하는데 미시령 터널로 넘어도 사십여 분이 걸렸다. 숙소에 도착하자마자 짐을 찾아서 제일

흘리

먼저 한 일은 씻기와 빨래하기였다. 마침 연수원에는 세탁실이 따로 있어서 애벌빨래한 뒤 탈수를 하러 갔더니 벌써 여러분이 대기하고 있었고, 세탁기 조작 방법을 몰라서 난감해하는 어른들도 있었다. 이유는 제각각이었지만 집에서 빨래를 하지 않는다는 사실은 변함없었다. 연수원에는 올봄 고성 산불 피해 이재민들께서 와 계신다고 주의를 당부했다.

발엔 물집이 잡히기 시작했고, 아무것도 바르지 않은 얼굴은 술에 감긴 사람처럼 시뻘겋게 익었다. 아직은 서먹서먹하고 낯선, 한 방에 배정된 이들과 연수원 내 편의점 앞에 모였다. '걷기' 중 금주는 내내 강조되었으나 금주의 규칙을 어기고 이들과 캔맥주를 나누며 인사했다.

윈드 오브 체인지
wind of change

민통선, 걷다—12박 13일의 기록

사흗날 _ 2019년 7월 29일(월)

진부령은 인제군 칠절봉과 고성군 마산봉을 연결하는 마루금에 있으며 백두대간을 사이에 둔 강원 영동과 영서를 나누면서 잇는 고갯마루였다. 진부령 길이 단일로 즉 외길이었던 시절 영서에 있는 외가나 서울에 가는 길이면 고개 아래쪽에서 헌병이 무선 교신하는 모습을 볼 수 있었다. 서쪽에서 동쪽으로 넘어오던 차가 먼저 길에 접어들면 동쪽에서 서쪽으로 가던 차는 멈춰서 차가 영을 넘어 올 때까지 기다렸다가 출발했다. 우리 어머니 말씀으로는 60~70년대 진부령 46번 국도가 비포장에 단일로였던 시절엔 한겨울 폭설이라도 내리면 서울에서 오던 직행버스로는 진부령 고개를 넘지 못해 버스 안에서 밤을 새기도 했다고. 라면은 당연히 품절이었고. 지금이야 야금야금 길을 넓혀 급하게 꺾어드는 아찔함은 많이 줄어들었지만 그래도 영은 영이었다.

숙소에서 진부령 미술관 앞까지 자동차로 이동한 뒤 3일째 일정을 시작했다. 고성군에서 인제군으로 군 경계를 넘는 날이었다. 날은 흐렸지만 향로봉을 향해 가는 길이었으므로 호흡을 가다듬었다. 지난해 인제군 서화에서 향로봉으로 향할 때 군용 구급차를 타고 향로봉 삼거리에 닿았기 때문이었다. 물매가 가팔랐던 비포장도로에서 앞머리를 치켜든 구급차는 그대로 뒤로 넘어갈 듯하고, 의무병과 뒷자리에 앉았던 나는 그대로 숨이 넘어갈 뻔했던 그러면서도 그 상황이 재밌어서 낄낄거렸다. 군용 지프와 '쓰리꼬다', '제무시'는 어릴 적 타 보았지만 구급차는 못 타 봤으므로 기꺼이 구급차에 탔건만. 탈 것이라면 태어나서 처음 만난, 마을 운동장에 날아 내렸던 미군 헬기는 여태도 생생하게 기억했다. 빨간 바탕에 금빛 별을 단 지프가 마을 신작로를 오가는 풍경은 낯설지 않았지만 그때 처음 백인 병사도 보았다.

경계에 피는 꽃들

천연 보호구역인 향로봉. 건봉산 지역은 군사기지 및 군사시설 보호구역이기도 해서 민간인은 아무 때나 들고날 수 없었다. 꽃과 나무를 찾는 일을 즐겼지만 그곳은 금단의 구역이었다. 그 틈새를 엿볼 수 있는 기회가 매우 제한적이기는 해도 아주 없는 것은 또 아니어서 가을 버섯 철이면 건봉산에 들어 꽃과 동물들 흔적을 살펴볼 수 있었다. 백두대간 향로봉 구간에 들어서는 것만으로도 설랬

구릿대

다. 시인은 '모든 경계에는 꽃이 핀다'고 했던가. 비포장도로
길섶에 핀 꽃들이 눈에 들어오기 시작했다. 제일 먼저 눈에
뜨인 것은 주황빛의 동자꽃이었다. 동자꽃이 어떤 전설을 가
졌더라도 꽃에 따라 붙는 사연보다는 그저 그 꽃이어서 좋았
다. 그 다음 눈에 띈 꽃은 샛노란 곰취 꽃숭어리였다. 곰취는
농가에서 워낙 재배를 많이 하지만 숲에서 꽃을 보니 반갑기
가 그지없었다.

곰취는 우리 마을에서는 '즈네기'라고 부르는 서덜취와 함께 봄철 밥상에 오르는 으뜸가는 산나물 가운데 하나였다. 물론 나물취라고도 부르는 참취도 있었지만 야생에서 자란 참취는 생각보다 뻣세어서 주로 묵나물로 만들어 먹었다. 그렇지만 우리 마을 건봉산 구역에서 곰취와 서덜취를 만나기란 그야말로 하늘에 별 따기만큼 어려운 일이 되고 말았다. 새싹을 뜯을 때 잘못하면 뿌리가 뽑혀 올라왔고 그리하여 조심해야 했으나 그런 일은 드물었으며 그예 식물들이 자취를 감추기에 이르렀다. 이따금 마을 어른들이 '옛날에는……' 하시면 짐짓 짜증을 냈다. 어른들이 나물을 뜯을 때는 이렇게 저렇게 조심해야 오래 두고 먹을 수 있다는 것을 보여주지 않고 남이 뜯을 새라 마구잡이로 나물을 뜯은 결과가 오늘 멸종으로 이어지고 있다는 말씀을 또 굳이 드리곤 해서 어른들을 언짢게 했다.

바삐 걸으면서도 길섶에 꽃들이 눈에 띄면 얼른 다가가서 잠시잠깐 들여다보곤 했다. 우리 동네 냇가에서는 벌써 지고 없는 꽃잎이 시계 방향으로 돌고 있는 물레나물이 보이는 사이 구릿대, 그 흰 꽃숭어리에 앉은 좀처럼 보기 힘든 검은 빛깔에 흰색 무늬가 크고 선명한 왕팔랑나비에 더해 꽃잎이 오른쪽 방향으로 휘어진 연보랏빛의 송이풀까지 눈에 담느라고 숨이 가빴다. 향로봉에는 한국 특산인 솜다리와 역시 한국 특산인 금강초롱이 자생한다고 하고 한여름에 꽃도 볼 수 있다고 하나 여태 만나본 적이 없었다. 초여름에 피고 지는 우유 빛깔의 초롱꽃은 이 무렵 열매가 익는 줄딸기를 따서 초롱꽃 봉오리 속에 넣어 먹는 재미가 퍽 쏠쏠한데, 보라 빛깔의 금강초롱꽃은 식재한 것만 보았으니 아쉬움이 크지 않을 수 없었다. 꽃에 정신을 팔다 문득 고개를 돌리면 멀리 간성 끝머리 동해 수평선이 내다보였지만 잊을 만하면 어딘가에서 불쑥불쑥 전사한 장병들의 추모비가 나타났다.

인간의 주검이 숫자로 표기될 때 개별 인자로서 그 개인의 삶도 함께 뭉개지고 삭제될 수밖에 없음에도 우리는 곧잘 숫자로 대신했다. 1951년 7월 개성에서 휴전 협상이 시작되었음에도 3년여의 전쟁 기간 중 무려 2년여 동안 고착되다시피한 중동부 전선 향로봉 전투에서는 89번의 전투가 있었고, 그리고 향로봉 줄기에 잇닿아 있는 건봉산 전투에서는 국군을 비롯 미군 함대 20척까지 가세하여 10여만 발의 포탄을 쏘았다고 기록하고 있다. 그러면 하루에 백수십 발의 포탄을 쏘았다는 말이었다. 양측에서 쏘아댄 총탄은 또 얼마였을까. 향로봉·건봉산 전투에 노무자로 끌려갔던 이들, 직접 참전

했던 이들, 죽어서 돌아오지 못한 이들, 소개되어 고향을 떠나야 했던 이들은 숫자로도 기록되지 못했다. 아이들 칼싸움 놀이도 아니고, 목숨을 걸고 싸웠던 전투였다. 감히 상상조차 할 수 없었다.

길섶에는 또 하얗게 꽃을 피우고 있는 눈개승마가 지천이었다. 오래전부터 어린 순을 나물로, 묵나물로 장아찌로 담가 먹기도 했다. 근래에는 재배도 많이 해서 봄철 시장에서도 볼 수 있을 정도였지만 산속 길섶에 떼판으로 꽃을 피우고 있는 모습을 보고 있으니 민간인 출입이 얼마나 엄격하게 통제되는 곳인지 절로 실감이 되었다. 그런 곳을 삼십여 명의 사람들이 앞서거니 뒤서거니 때로는 전봇대 번호를 헤아리면서 어딘가를 향해 앞으로 나가고 있었다. 그 끝이 어디인지 어떤 꿈과 희망을 가지고 있는지 알지 못하지만 한길에서 걷고 있는 것만이 어쩌면 그 순간 유일한 희망일지도 모를 낯선 사람들이 습기로 눅눅한 산길을 걷고 있는 풍경은 차라리 기이하기까지 했다.

향로봉지구 전투

한국전쟁 전사에서 '향로봉지구 전투'로 불리는 이 지역은 1951년 3월부터 시작되어 1953년 7월 정전협정이 체결될 때까지 말 그대로 격전장으로 변했다. 1950년 9월 15일 유엔군의 인천상륙작전이 성공, 이어서 9월 28일에 서울을 탈환하면서 대대적인 반격이 시작되어 10월 말에는 두만강까지 진격했다. 하지만 같은 해 10월 25일 중국인민지원군이 한국전쟁에 참전함으로써 전세는 다시 바뀌었고, 북한군이 38선까지 남진하는 이른바 1951년 1월 '일사후퇴'가 있었다. 그러나 유엔군은 1951년 3월 14일 다시 서울을 찾았다. 그리고 3월 24일 38선 이북 지역으로 진격해 북한군과 대치하기에 이르렀다. 진부령 고갯마루에 있는 〈향로봉지구 전투 전적비〉에 따르면 '괴뢰군단의 89회라는 희유의 반격을 격퇴 분쇄하고' 향로봉 일대를 사수할 수 있었다.

향로봉지구 전투 전적비

예측할 수 없는

향로봉은 고성군 간성읍과 수동면 그리고 인제 군 서화면에 걸쳐 있으며 높이는 1,296m였다. 동부 전선 요충지였으므로 민간인 출입을 통제했다. 우리들은 향로봉 봉우리에 닿지 못하고 삼거리에서 멈춰 섰다. 점심밥을 기다리면서 울멍줄멍 모여 쉬었다. 모여 있던 적계삼거리는 향로봉 봉우리 한참 아래인데도 바람이 일면서 주변은 물론 먼산주름까지 안개가 몰려다녔다. 천변만화경이 눈앞에서 펼쳐지고 있었던 것인데 그 모습이 자못 신령스러운데가 있었다. 일 년 삼백육십오 일 가운데 맑은 날이 채 한 달도 안 된다는 말이 농담만은 아닌 듯 아니 향로봉香爐峰이라는 이름이 산봉우리에 자주 구름이 끼어 마치 향로에 불을 피워 놓은 모습처럼 보여서 지어진 이름이라고 전해지는 까닭을 알 듯도 했다. 지난해에도 빗속이었고 올해도 비안개가 휘몰아치며 넋을 빼앗았다. 향로봉에서 금동 아미타 삼존상이 출토되었다는 소식을 들은 뒤 이따금 향로봉 어딘가에 있을 폐사 터를 상상했다. 산마루에 성황당이 있어 신을 믿는 어떤 이들은 향로봉에 치성을 올리려 간다고들 했으니 내가 알지 못하는 어떤 장소가 있을 것이었지만 문밖의 사람은 알지도, 알 수도 없는 일이었던 까닭에 향로봉 산마루까지 가

지 못하는 아쉬움이 쉬이 가시지 않았다. 그래서라도 금단의
땅이, 닫혀 있던 문이 하루라도 빨리 열리기를 바랄 수밖에
없었다.

비안개 속에서 주먹밥으로 점심을 먹은 뒤 향로봉을 뒤에
두고 인제군 서화리를 향해 걸음을 내딛었다. 산길은 내리막
길이라고 해서 수월하지도 문문하지도 않았으나 오르막을
향해 치오르는 것보다는 나았다. 차츰차츰 낯을 익혀가고 있
는 이들과 함께 두런두런 얘기를 나눌 정도는 되었으나 이야
기는 가다 쉬다 끊어지기 일쑤였고, 그 틈새는 또 처음 만나
는 풍경들이 새막이하듯 메워 주었다. 비꽃이 흩뿌리다 말다
하여 비옷을 꺼냈다가 도로 넣기도 하면서 변화무쌍한 날씨
한가운데를 걷다가 눈을 돌리니 까치박달나무가 서 있었다.
한국 원산으로 암수한그루이고, 길둥근 모양의 꽃과 열매 이
삭 때문에 곧잘 눈에 띄는 나무였다. 까치박달나무 꽃을 가
리킬 때 흔히 미상화서尾狀花序, 또는 미상꽃차례尾狀次例라
고 한다. 꽃 모양이 밑으로 늘어진 모양으로 버들개지나 호
두나무 꽃을 떠올리면 쉽지만 아예 이런 어려운 말보다는 북
한에서 쓰는 '드림꽃차례'라는 말이 더 만만했다. 그런데 또
드림이 무슨 뜻이냐고 하면, 드림은 축하 화분 또는 깃발 끝
에 매다는 흔히 리본이라고 하는 것을 이르는 단어로 '매달아

서 길게 늘이는 물건'이라고 일러주어야 하는 어려움이 없지 않았다.

　박상진 교수가 쓴『우리 나무 이름 사전』을 보면 '까치박달'에서 까치는 '작은', '버금'을 뜻한다고. 그러고 보니 설날 무렵 묵은세배를 하러 다니면서 자주 불렀던 '까치 까치 설날은 어저께고요' 하는 동요도 떠오르는데, 까치설날은 설날 전날, 그러니까 섣달그믐을 이른다. 또 까치설날의 옛말은 '아찬설'이라고 하나 아찬이 까치로 바뀌는 경로는 또 알지 못하였다. 그러면서 처음 걷는 길에서 앞길을 예측하지 못하는 것도 이와 같지 않을까 하는 생각을 퍽 오래 곱씹게 되는 일이 실제로 벌어졌다. 앞뒤로 걸어가던 한 어르신이 걸음걸이가 불안정하고 등에 멘 배낭이 한쪽으로 쏠려 곧 쓰러질 듯 위태로워 보였다. 한참을 뒤에서 걸으면서 지켜보다 옆에 있던 일행들에게 배낭이라도 바르게 메야 한다고 알려드려야 하지 않을까 했더니 고개를 끄덕였고 곧이어 어르신에게 "배낭 끈을……" 하는데 말을 채 끝맺기도 전에 불같이 화부터 냈다. 어안이 벙벙했다. 그런 다음 이어진 말은 더욱 막막했다. 사정을 모르고 나섰던 내 불찰이었지만, 뒷맛이 쓰지 않을 수 없었다.

아흔에 가까운 부모와 함께 살면서 성인이 되었다고, 나이를 먹었다고 지혜로운 어른이 되는 것은 아니라는 걸 번번이 절감하는 터였지만 그렇더라도 그러려니 하지 못했다. 물론 나부터 내가 남보다 한두 살 더 먹었다는 이유로 아는 척할 때가 없지 않다는 걸 모르지 않았으나 턱없는 자신감은 없느니만 못했다. 새해 벽두, 평소 건강에 대한 자신감이 지나쳐 병원 문턱 한번 넘지 않았던 사촌동생이 한밤중에 실종자

계류 건너기

수색 앞잡이로 나섰다가 영영 집으로 돌아오지 못했다. 한 동네 살던 사촌동생은 다람쥐처럼 산을 잘 탔고 겉으로도 건강하고 멀쩡해 보였다. 하지만 보이지 않는 혈관은 점점 좁아져서 숨을 가쁘게 했던 것이었다. 향로봉·건봉산에 남모르게 스며들어 치성도 드리고 나물도 뜯던, 알고 지내던 이들이 채 육십도 안 되어 세상을 떠났다. 어쩌면 지나친 자신감이 생을 앞당겨 마감케 했는지도 모를 일이었으나 그 또한

신만이 아실 것이었다.

빗물에 패이고 돌멩이가 굴러다니는 울퉁불퉁한 산길을 걷다 마주한 계곡에서 장교와 병사들이 발 벗고 나서서 징검돌을 놓고 있었다. 계곡은 물이 불어나 물살이 거칠었으며 너비도 꽤 넓었다. 신발을 벗어야 했다. 물집이 잡혀 반창고 붙인 맨발로 물속에 들어서야 하는 일이 내키지 않았지만 건너뛸 수도 날아오를 수도 없었으니 묵묵 신발끈을 풀고 양말을 벗었다. 무젖은 냇둑은 물살이 개개면서 허물어지고 있

먼산 풍경

었으며 크고 작은 돌과 바위들이 위태롭게 나뒹굴고 있었다. 자칫 잘못하면 물길에 휩쓸릴 수도 있었고, 바위에 다칠 수도 있었으나 서로들 손을 잡아주기도 하고 징검돌을 놓기도 하면서 아무 탈 없이 계곡을 건넜다. 몍을 감아도 좋을 계곡을 두고서도 오래 쉬지 못하고 다시 신발끈을 맸다. 깊은 산속 인적은 드물고 숲은 미욱하도록 짙푸른 녹음으로 어른거리고, 계곡의 너럭바위를 휘몰아치듯 흘러가는 물살은 드세차고, 물소리만 듣고 있어도 아무런 시름없이 한철을 날 수도 있을 듯한 산길을 휘적휘적 걸었다.

Wind of Change

윈드 오브 체인지

민통선, 걷다 - 12박 13일의 기록

2부
양구/화천

윈드 오브 체인지
wind of change

민통선, 걷다—12박 13일의 기록

나흘날 _ 2019년 7월 30일(화)

그만그만하던 발가락 물집이 위험 수위를 넘었다. 매일 밤 다른 이들 상처 난 발을 치료하던 의료팀에서는 완주할 예정이라면 하루 쉬는 게 좋겠다고, 권유와 겁박을 동시에 했다. 기껏 삼 일 걸었을 뿐인데 양쪽 새끼발가락은 너덜너덜했으며 종아리는 그에 코끼리 다리가 되었다. 진통제 부작용을 경험한 터라 되도록 약을 피했으나 권하는 대로 약을 먹은 뒤 붓기는 걷잡을 수 없는 상태가 되었다. 걷지 않는 게 좋은 일일까 의심하면서도 앞으로 남은 일정을 헤아려 하루 쉬기로 했다. 아침을 먹고 일행들이 떠난 뒤 숙소에 남았으나 숙제를 미룬 것처럼 영 께름칙했다.

전날 칠절봉 삼림 감시 초소 안쪽 군부대 사격장에 앉아 쉴 때도 신발을 벗을 수 없었다. 물이 불어난 계류를 맨발로 건넌 뒤 다시 신발을 신을 때 들여다본 발은 퍽 볼만했다. 물집 잡히는 소리가 들릴 정도였지만 쉬었다가 오 분 가량 걷고 나면 발이 전하는 통증은 곧잘 잊히곤 했으므로 괜찮을 거라고 아니 괜찮아야 한다고 마음을 다독이곤 했다. 가야 할 길이 남았기 때문이었다. 서화면 금강로 길섶에 있는 서화 정법사와 서광교회를 지나 금강로 큰길에 이르러서는 승합차에 올랐다. 목적지였지만 일행들 가운데 또 몇몇은 숙소까지 걸었으나 더는 엄두가 나지 않았다.

결과가 빚은 차이

2018년 어떤 행사에 참석해 인북천 둑길을 걸어 서화리 순직 장병 충혼비를 찾았다. 이곳은 산성이 있던 자리로 1954년 1월 향로봉 1,200고지에서 근무하던 5사단 장병 59명이 2m 넘게 내린 폭설로 순직했고, 이들의 명복을 빌고자 1956년 5사단 사단장이었던 박정희가 세운 비였다. 향로봉은 90년대까지 대중 매체에서 한겨울 폭설을 전할 때마다 종종 등장하곤 했었다. 전쟁터에서 싸우다 전사해도 원통할 터인데, 하물며 눈에 파묻혀 삶을 마감해야 했던 이들을 떠올리는 것만으로도 암담했다.

숙소는 서화면 서화리에 있는 DMZ 생명평화동산이었다. 서화리는 군사지역으로 1958년 3월부터 주민들 입주가 시작됐다.

저녁밥을 먹은 뒤 진옥섭 이사장의 해설을 곁들인 풍물패 공연이 있었다. 농경이 발달한 남쪽엔 농악이, 사신 행렬이 지나는 의주에는 봉산탈춤이 성하게 된 까닭을 들으면서 이웃나라 중국과 일본을 생각했다. 뒤에야 진옥섭 이사장이 쓴 『노름마치』를 읽은 기억이 났다. 어느 시절 국악과 전통춤을

서화면 분단의 역사

38선 이북이었던 서화면은 일부만 남겨 놓고 거의 다 수복되었고, 일제 강점기 때 면 소재지였던 서화리는 서화중학교 등이 있는 번화가였으며 향로봉 산맥을 따라 넘으면 건봉사에도 닿을 수 있었다. 『한국전쟁과 수복지구』의 저자인 한모니카 교수가 편집한 서화면 지도를 보면 서화면은 마치 약간 울퉁불퉁하면서 길둥그런 호리병처럼 생겼다. 해방 당시 군 전체가 38선 이북이었던 고성군과는 달리 해방 당시 둘로 쪼개졌던 인제군은 사분의 삼쯤은 38선 이북이었고, 사분의 일쯤은 38선 이남이었으나 전쟁 중 수복하는 과정에서도 미처 다 수복하지 못하고 다시 둘로 나뉘었다. 그런데 이번에는 해방 당시와 다르게 남측이 더 많은 땅을 차지하여 호리병 입구 부분 그 어디쯤에 군사 분계선이 지나는 비무장지대였고, 이 군사 분계선 한가운데 놓인 마을이 서화면 장승리와 이포리였다. 옛 서화면 면 소재지였던 '서화리에서 장승리까지는 20리, 이포리까지는 40리 길'인데 '장승리 송노평은 전쟁 직전까지 내금강으로 가는 통로였다.' 그러나 삼베가 잘되는 고장이었던 이포리는 현재 북측 금강군에 편입되었고,[10] 지금 서화면 면 소재지는 천도리였다.

---

10   강원도민일보,
      http://www.kado.net/?mod=news&act=articleView&idxno=983695

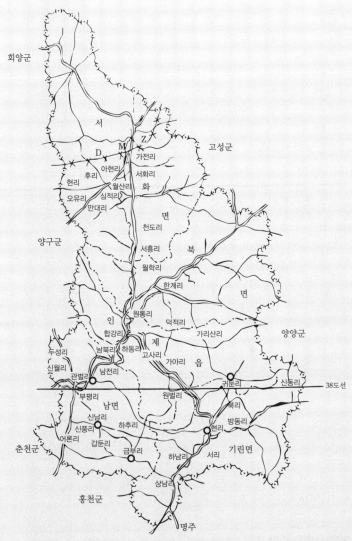

해방 당시의 서화면 지도

출처: 한모니카, 『한국전쟁과 수복지구』, 푸른역사, 2017, 34쪽

들고 보러 다니느라 적잖이 품을 들였다. 그것은 어쩌면 대학에 입학하여 처음 본 임진택의 〈똥바다〉 때문이었는지도 몰랐다. 학교 축제 중에도 교문에는 경찰들이 진을 치고 있었고, 마당극은 물론 초청 시인 강연조차 맘대로 하지 못하게 막아서 학교 당국과 싸움을 해야 했던 때였다. 아니 그제야 김월하 명창의 여창가곡을 따라 부르곤 하던 우리 할아버지를 조금은 이해할 수도 있을 듯했기 때문이었다. 중고등학생 시절 할아버지의 그 느려 터진 시조창을 듣고 있노라면 나는 온몸이 뒤틀리고 귀가 솔았다. 그리하여 궁중에서 시작되어 극장으로 옮겨간 춘앵무와 역시 궁중에서 시작되어 민간으로 널리 퍼진 탈춤의 거리는 얼마나 가까운가, 또는 '예인'이 사라진 자리에 '명인'은 또 얼마나 먼가, 따위를 되작이곤 했다.

뒤에 남아 서성거리는 사이, 지원팀으로부터 일행들이 남겨 놓고 간 물건은 없는지 확인해달라는 부탁을 받았다. 밤새 너른 거실에 누워 유리문으로 들어오는 밤하늘을 맘껏 누렸던 터라 다른 이들 잠자리는 어떠했는지 문득 궁금했다. 그러나 그 뒷자리는 집안닦달을 한 번이라도 해 봤으면 그렇게 했을까 싶을 정도로 방마다 엉망진창이었다. 가령 말하자면 맛있는 털게를 먹고 난 뒤 식탁 같다고나 할까. 내가 한 번

훑어보고 난 뒤에도 지원팀은 버려진 물병 등을 분리수거했고, 흩어진 쓰레기들을 거두었으며 떨어뜨리고 간 각각의 물건들을 다시 챙겼다. 그 일을 매일매일 하고 있었다고 생각하니 절로 얼굴이 붉어졌다. 때맞춰 물을, 새참을 대주는 것을 걷고 있다는 이유만으로 당연하게 여겼던 것은 아니었을까.

아픔을 안고 사는 사람들

승합차를 타고 군 경계를 넘어 양구군 해안면 양구통일관, 을지전망대 매표소, 양구전쟁기념관이 나란히 있는 주차장에 도착했다. 인사하는 사람, '그리팅맨'이 빗방울이 떨어지는데도 두 손을 옆구리에 붙인 채 공손하게 인사를 하고 있었다. 국토 정중앙을 알리는 안내판과 통일이라고 쓴 글자판이 눈에 띄어 일없이 주변을 빙빙 맴돌며 구경하는 가운데 양구군청에서 나온 이들이 빗속에서 천막을 치는 것을 지켜보았다.

그리팅맨

국토의 정중앙 양구 통일관의 그리팅맨

'그리팅맨'은 양구 출신 조각가 유영호의 작품으로 높이 6m, 무게 3t의 알루미늄 주물로 제작되었으며 2013년 제막했다. 우루과이 몬테비데오에 설치한 '그리팅맨' 1호에 이어 두 번째였다. 남북이 서로 화해하고 평화의 길로 나아가자는 의미를 담았다고.

해안면의 아픔

해안면亥安面은 '상이한 기반암의 차별 침식으로 형성된' 침식 분지이다. 그리하여 전쟁 중 외신 기자에 의해 '펀치볼punchbowl'이라는 이름을 얻었으나 해안은 바닷가를 가리키는 해안海岸이었다가 어느 때 돼지 해亥에 편안할 안安 자를 쓰는 해안亥安으로 바뀌었다. 해안亥安의 지명 유래에는 돼지와 뱀의 설화가 개입하였는데 그 사이 무슨 일이 있었는지 자못 궁금했다. 어쨌거나 돼지로 인해 사람들 살림살이가 편안해졌다고는 하지만 이곳 또한 수복지구로 휴전 직후에는 인제군이었다가 1973년 양구군에 편입되었다.

해안면 만대리는 북측 매봉에서 관측된다는 이유로 1970년대 말 선전 주택을 지었고, 두 가구를 한 집에서 살게 만들었다. 그러니까 겉은 한 집처럼 보이게 했고, 실제로 두 가구가 거주했다는 말이었다. 이 집들은 '우리나라 사람들이 남향을 선호하는 것과는 정반대로 북향의 가옥이 건설되었고, 주민들에게는 간첩이 오면 먹일 비상 수면제와 신고용 전화기까지 지급되었'[11]다. 이곳에 집단 이주한 이주민들은 '해안 분지 개간 방침'에 따라 땅을 분배받았고, 이주민들은 포탄과 지뢰가 묻힌 황무지를 목숨을 걸고 개간하였다. 그러나 원래의 토지 소유주가 아니라는 이유로 소유권을 인정받지 못하고 있었다. 반복해서 말하지만 수복지구 민통선은 전쟁 중 격전지였다. 그곳에 살던 이들은 남북으로 흩어지고, 죽고 사라지고 없었다.

---

11   김창환. 『김창환 교수의 DMZ 지리 이야기』. 살림터, 2011, 179쪽

양구군 해안면은 '1956년 4월 25일 개척민 150가구 965명이 입주했다. 민통선 입주의 효시였으며, 북한의 선전촌에 대응하기 위한 자립 안정촌이었다.[12] 1972년 또 한 번의 이주가 실시되었다. 정부에서 땅은 남았으되 사람은 없던 곳에 주인 없는 땅을 일궈 살라며 집단 이주 정책을 폈고, 그렇게 재건촌을 조성했다. 그러나 1983년 '수복지역 내 소유자 미복구 토지의 복구 등록과 보존 등기 등에 관한 특별조치법'에 따라 일궈 놓은 농경지의 70%는 국유지로, 16% 정도는 무주지無主地로 남았다. 국유지를 임대받아 임대료를 내고 농사짓는 사람, 무주지에 아무런 대가도 치르지 않고 농사짓는 사람이 생겼다. 형평성 시비가 불거졌고, 무주지 경작권을 불법 매매하는 등의 일이 벌어졌다. 정부에서 이런저런 이유로 정리를 하지 않으니 당사자들만 고통이었다. '무주 부동산無主不動産' 즉, 주인 없는 토지로 인한 분쟁은 수복지구가 처한 또 다른 일면이었다.

분단된 체제에서 선전의 과장은 기본인 모양이었다. 내가 사는 마을은 1966년 송강저수지 공사를 시작하여 거의 십

---

12   박은진 외, 『DMZ가 말을 걸다』, 위즈덤하우스, 2013, 25쪽

송강저수지

년에 걸쳐서야 완공했다. 이에 따라 70년대 마을 논배미 경지 정리를 끝냈다. 접경지역이어서 그랬을 것이라고 어른들은 말했다. 70년대 초등학생이었던 우리 반은 한 반뿐이었고, 50명을 넘지 않았지만 반에서 서너 명의 동급생들이 일명 '애보개'로 서울로 떠났다. 식구는 많고, 먹을 것은 없고 그러면서도 집을 떠난 아이들은 또 죄다 여자아이들이었다. 위험이나 재난은 매번 약한 고리를 위협하기 일쑤였다.

삶과 죽음의 경계에서

양구군에는 널리 알려지고 기록된 전투만 무려 9개나 되었다. 이 기록들은 양구전쟁기념관에서 볼 수 있다. 가칠봉 전투를 비롯하여 우리들 귀에 익숙한 '피의 능선 전투', '펀치볼 전투', '단장의 능선 전투' '도솔산 전투', '대우산 전투', '백석산 전투', '949고지 전투', '크리스마스고지 전투' 등이었다. 전투에서 죽음과 부상은 필연이었을 테니 살아남은 자는 살아남아서, 죽은 자는 또 죽어서 모두에게 비극일 것이었다.

겨울이면 시래기로 주목받고 있는 양구군은 이제는 대구 사과가 무색할 만큼 어느새 사과 산지로 탈바꿈하고 있었다. 기후 변화가 준 선물이라면 선물이었다.

을지전망대까지 자동차로 이동했다. 안개가 낀 구불구불한 산길을 버스는 느리게 움직였다. 을지전망대는 DMZ 군사 분계선에서 남측으로 1km 지점인 가칠봉1,049m 산등성이에 있었고, 이곳 또한 한국전쟁 당시 격전지였다. 날씨가 좋으면 금강산 비로봉을 비롯하여 차일봉, 월출봉, 미륵봉, 일출봉을 볼 수 있다고 하였으나 날씨 부조는 언감생심, 그런 까닭에 전망대에서 바라다볼 수 있다던 펀치볼 또한 안개 속이어서 그야말로 모든 것이 오리무중이었다. 안보가 관광이 된 시대의 아이러니조차 어쩌면 전쟁과 분단이 가져온 불행한 사태일 것이었지만 그렇다고 전망대에서 군장병의 해설마저 흘려들을 수는 없었다.

9시 방향에서 1시 방향으로 가칠봉, 스탈린 고지, 매봉, 운봉, 박달봉, 간무봉, 무산 등 멀리 금강산까지, 날 맑은 날은 보인다고 했지만 현실은 개가 그림의 떡을 바라는 것과 다르지 않았다. 날씨가 좋았다고 해도 사뭇 엄격하고 딱딱하게 사진은 찍을 수 없다고, 잇달아 강조하는 바람에 지레 주눅이 잡혀 누구라도 북쪽으로 카메라 렌즈를 들이댈 수 없을 듯했다. 그러니까 우리는 여전히 남북이 대치하고 있는 삼엄한 경계선에 서 있었던 것이었다. 그런데 설명 중 압권은 북측 매봉과 운봉 사이에 선녀폭포가 있고, 이곳에서 북한 여군들이 목욕을 했고, 남측에서 이에 맞대응한다고 1992년 가칠봉 GOP에서 미스코리아 대회 중 수영복 심사를 실시했다는 것이었다. 속된 말로 미치지 않고서야 하면서도 도대체 비상이든 일상이든 여성의 성은 대체 무엇일까, 놀랍고 끔찍했다.

다시 전쟁기념관 근처 음식점으로 이동하여 시래기비빔

밥으로 점심을 먹었다. 수박과 옥수수도 곁들여 내놓았다. 이번 '통일 걷기'에서 가장 많이 접한 과채류라면 단연 수박이었다. 옥수수도 그랬지만 끼니 대신 먹는 것이 아니어서 하나만 먹어도 충분했다. 한 방에 있던 이들이 강원도 사람이 옥수수를 안 먹느냐고 하는데, 아니 그럼 당신들은 서울 사람이어서 옥수수를 좋아하는 거냐고? 하려다 그만두었

파랑새

다. 강원도 사람이면 감자, 옥수수를 좋아할 것이라고 여기
는 것은 선입견이었고, 섣부른 예단이었다. 한여름이면 감자
를 강판에 갈아 이따금 옹심이나 부침개는 만들어 먹었으나
밥에 안쳐 먹는 일도 드물었고 감자만을 쪄서 먹는 일도 거의
없었다.

4대, 3대가 함께 살았고, 식구가 많았던 어린 시절 드물게 집안일을 해야 하는 경우가 있었는데, 한여름에 감자를 깎는 일이었다. 여름방학 기간이었고, 고무줄놀이를 하던 아이들은 저녁 무렵이면 감나무 그늘에 둘러 앉아 저마다 이남박에 담아 가지고 나온 감자 껍질을 벗겼다. 지금처럼 칼로 깎는 것이 아니라 왜지숟가락으로 껍질을 벗겨야 하는 것이었다. 한두 개는 재미있지만 수십 개씩 까는 일은 고역이었다. 더구나 밀가루 범벅이라도 하는 날에는, 물론 할머니와 언니가 일을 했지만 나 또한 자유롭지 못했다. 음식을 잘하시고 만드는 일에 정성을 기울이셨던 할머니 덕분에 감자만이 아닌 감자를 재료로 하는 갖은 음식을 먹을 수 있었다. 그렇지만 먹는 사람은 입이 달지만 만드는 이는 고달픈 게 음식이라는 생각은 그리하여 생겼다.

뒤에 3km에 이르는 돌산령 터널을 걸어야 했던 일행들은 아우성이었으나 승합차를 타고 터널을 통과한 나는 그 고통을 알 리 없었을 뿐만 아니라 숙소인 양구 대암회관에 먼저 도착했다. 군용 시설 이용은 낯설지 않았으나 그렇더라도 자연스럽지는 않아서 문밖에서 서성거리는 사이 뜻밖에 건물 사이를 날아다니는 파랑새 한 쌍을 보았다. 여름내 우리 마을 숲 기스락을 오가는 파랑새 한 쌍을 지켜보는 재미가 퍽 쏠쏠하던 차에 낯선 장소에서 또다시 마치 행운처럼 파랑새를 만났으니 그 기쁨이 더할 나위없어 한참을 건물 뒤편 숲속을 오가는 새들을 지켜보았다. 파랑이 희망과 꿈의 다른 이름이라면 그날은 분명 행운이 깃든 날이었던 듯. 저녁 노변정담은 원광대 최경봉 교수의 '영화 〈말모이〉에서 〈겨레말 큰사전〉까지'였고 굳이 나서서 책도 한 권 선물받았다.

윈드 오브 체인지
wind of change

민통선, 걷다—12박 13일의 기록

좁은 방안에서 뒤척이다 잠결에도 빗소리를 들은 듯하였으나 이른 새벽 대암산 용늪 행이 취소되었다는 소식을 듣고서는 살짝 무릎이 꺾였다. 비안개가 심하여 자동차 운행을 할 수 없기 때문이라고 덧붙였다.

대암산[1,304m] 꼭대기 근처, 봉우리와 봉우리 사이에 자리한 용늪은 국내에서는 처음 1997년 국제습지조약[람사르 협약]에 등록되었고, 남한에서는 산꼭대기에 형성된 유일한 고층 습원이라고 알려졌다. 용늪이라는 이름은 하늘로 올라가던 용이 쉬었다 가는 곳이라는 전설에서 유래했다고. 습지라면 그것도 기온이 낮은 고원이라면 당연히 안개 낀 날이 많을 것이었고 그러면 이무기든, 용이든 전설이 만들어지기 충분했을 것이다. 하지만 그곳은 또 민간인은 다가갈 수 없는 금단의 땅이었다. 오래지 않던 어느 시절엔 늪지에다 스케이트장을 만들어 부근에 주둔하고 있던 군인들에게 놀이터를 제공하기도 했으니 겨울 한철을 신나게 보냈을 병사들을 생각하면 황금 보기를 돌같이 하라고 했던 장군들의 후예임은 틀림없어 보였으나 왜 비안개는 내려 용늪 행을 좌절시켰던 것인지, 가슴이 아렸다.

대암산 용늪은 '대암산·대우산 천연 보호구역, 생태계

보전지역, 습지 보호지역, 람사협약 습지, 산림 유전자원 보호림'으로 지정된 자연생태계의 보고라고 알려졌고 그리하여 용늪에 자생한다는 기생꽃과 금강초롱, 멸종 위기 종으로 알려진 비로용담, 제비동자꽃, 사초들 속에서 떼판을 이룬다는 식충식물인 끈끈이주걱들, 또한 물방개와 물두꺼비는 물론 참어리삽사리의 울음소리를 듣고 싶었으나 그렇게 꿈은 한순간 물거품처럼 사그라지고 말았다. 다가가서 볼 수 없는 자에게 그것은 그저 화중지병에 지나지 않았다. 어쩌면 귀하디귀했으므로 좀 더 아껴서 보라는 신호일지도 모를 것이라고 애써 위안을 하면서 한껏 늦춰진 출발 시간을 누리려 방안에 누워 빈둥거렸다.

가벼운 체조를 하고 오전 9시에 출발했다. 하루를 온전히 쉬고 새롭게 걷는 걸음 앞에 날씨는 쾌청하지 않았지만 두타연을 거쳐 가는 일정이었으므로 신발끈을 단단하게 맸다. 얼마 걷지 않아 동면 월운저수지 맞은편 길섶에 세워진 '피의 능선 전투 전적비'가 보였지만 전적비까지 오르지 못하고 잠깐 서서 사진을 찍는 것으로 애도를 대신했다.

어제의 핏물 위에

휴 전 협상을 재개하며 휴전선을 어디로 정할 것
인가를 놓고 다투는 중에도 이 전장에서는 수
많은 생명, 숨탄것들이 흔적도 없이 사라졌다. 19일 동안 2
만여 명에 가까운(전사를 기록할 때 정확하고도 건조한 숫자

대신에 노상 '~여 명'이라고 기록할 수밖에 없는) 생명과 숨 탄것들이 이 고지 전장을 피로 물들였다면 간단한 산수만 으로도 하루에 천여 명에 이르는 생명들이 이 전투에서 사 라졌다는 말이었다. 피로 물든 능선이라니. 이처럼 양구의 9개 전투 이름은 다른 곳과는 달리 매우 직접적이었다.

피의 능선 전투 전적비

피의 능선 전투와 단장의 능선 전투

'피의 능선 전투'는 캔사스선^{kansas line} 북방 10〜20km 지역에 위치한 수리봉 일대를 확보하기 위하여 실시한 공격작전으로 1951년 8월 18일 전투를 시작하여 9월 5일 전투가 끝난 이 19일 동안, 북한군은 1만5천여 명에 이르는 사상자가 발생했으며 국군과 유엔군에도 2천7백여 명의 사상자가 발생했다. 특히 미군은 피의 능선 전투에서 4개 포병대대를 동원해 105mm와 155mm 대포 등으로 북한군 진지에 하루 평균 3만 발의 포격을 가했다고 전해졌다.

피의 능선 전투 뒤 곧 이어 '단장의 능선 전투[1951.9.13~10.13]가 두 차례 있었다. 육군사관학교에서 펴낸 『한국전쟁사 부도』를 보면 단장의 능선은 894고지~931고지~851고지 군으로 피의 능선과 마주보는 형세에 있고 그 좌우에 끼고 있는 수입천, 하곡도[문등리와 사태리 계곡]와 더불어 H 자의 지형을 이루는' '사태리와 문등리 사이에 있는 가로 4km, 세로 5km의 땅덩어리를'[13] 놓고 미군과 국군 그리고 연합군인 프랑스대대가 북한군과 다퉜다. 비득고개, 두타연, 이목정[배나무정] 등이 모두 단장의 능선 전투 현장이었다.

13   육군사관학교 전사학과, 『한국전쟁사 부도』,
황금알, 2013, 2판 4쇄, 152쪽

피의 능선 전투와 단장의 능선 전투로 일제 강점기 형석광산으로 은성하였던 양구군 수입면 소재지였던 문등리는 남측에서 수복하였지만 군사 분계선이 지나는 비무장지대가 되면서 지상에서 사라졌다. 그리하여 전적비는 승리의 환희를 기록하기 위한, 이긴 자들의 기념비가 아니라 죽은 자들, 목숨 잃은 자들을 위한 위령비이어야 했다. 건조한 돌비석은 살아서 숨 쉬던 인간과 그 땅에 기대 살았던 숨탄것들과 꽃 피우고 열매 맺던 식물들을 숨기고 가린 채 그저 서늘하고 위압적으로 서 있었으므로.

월운저수지를 지난 뒤 걷잡을 수 없이 장대비가 쏟아졌다. 옆 사람과 대화는커녕 신경은 온통 발바닥에 쏠렸다. 반창고를 붙인 발바닥이 순식간에 질퍽거리기 시작했다. 비옷도 별무소용이었다. 길옆에 있던 양구군통합정수장 측에서 자리를 내준 덕분에 잠시 비를 그을 수 있었다. 비를 피하는 동안 지원 팀에서 (행전이었을, 각반이었을)스패츠를 나눠주었으나 어찌해볼 수 없이 신발은 무젖었고 그렇더라도 빗발이 세찼으므로 스패츠를 하지 않을 수 없었다. 비는 내려도 기온은 여전히 높았고 거기에 비옷까지 입었으니 온몸이 물에 빠진 생쥐처럼 여겨졌다. 비가 온다고 걸음을 멈출 수 있는 것도 아니었고 그렇다고 목이 마르지 않는 것도 아니었다. 빗속에 잠긴 주변 풍경 또한 그저 빗속에 잠겨 있는 풍경일 뿐, 먼 산 나무들은 물론이거니와 가까운 길섶 꽃들마저 제대로 보이지 않았다. 걷는 길에 잦았던 물음은 어느 사이 공중으로 휘발되고 말았다.

'비득고개'를 넘었다. 민통선 지역이면 흔히 볼 수 있는 대전차 방어벽 사이를 지나면서, '비득'이라는 이름의 유래를 몰랐으므로 엉뚱하게 『손자병법』에 나오는 '비득불용非得不用'을 생각했다. 그러면서 한편 '수자기帥字旗'를 떠올렸다. 신미양요 때 빼앗겼다 136년 만인 2007년 국내로 돌아온 어재연 장군의 대장기. 350여 명의 조선군 전원이 사망하고, 대장기까지 빼앗겼던 미국의 일방적이었던 침략 전쟁. 대장기 속에 갇혀 버린 조선의 백성과 피의 능선 전투라는 이방의 기자가 붙여준 이름 속에 묻혀 버린 남북의 젊은 생명들은 과연 무엇을 위해 찰나에 생사가 뒤바뀌는 전장에서 죽을힘을 다해 아니 하나밖에 없는 목숨을 내놓고 싸웠던 것일까. 죽음으로 끝끝내 지키고자 했던 것은 무엇이었을까. 그 땅의 고지였을까, 자신의 남은 생명이었을까. 아니면 내가 모르는 그 모든 것이었을까. 어제의 당신들 핏물 위로 오늘의 내가 걸어가고 있었다.

'금강산로'라는 도로명으로 불리는, 우리가 걷고 있던 그 길은 부산시 기장군을 기점으로 함경남도 안변군에 닿았던 국도 31호선이었으나 이제는 양구군 동면 월운리에서 더는 민간인 출입을 허용하지 않았다. 내가 가본 적 없는 안변군은 동해북부선 종착역으로 저장되어 있었다. 어느 해 고성군 공현진에서 만난 노인께서 어릴 적 기차를 타고 금강산 수학여행을 다녀온 이야기를 하면서 서울엘 가려면 안변에서 함경선^{경원선} 그러니까 청진에서 온 기차로 바꿔 타야 하는데, 차량에서 내려 기차를 바꿔 타는 것이 아니고 차량 한 칸을 함경선^{경원선} 차량에 연결하여 앉은자리에서 내려서 왔다 갔다 하는 불편이 없었노라고, 그렇게 청량리, 용산까지 갔노라고 했다. 다른 지역과 달리 강원도 영동에서 서울로 가기 위해서는 백두대간을 넘어야 하는데 대강만 짚어도 영은 5개나 되었지만 남과 북으로 갈리기 전 고성, 양양 사람들은 기차를 타고 서울에 갈 수 있었노라고.

물은 여전한데

하야교 삼거리에서 점심을 먹었다. 마침 비도 그쳤고 도시락을 준비해 준 이들도 있었다. 무엇보다 〈금강산 가는 길 32km〉라는 입간판이 눈길을 끌었다. 분단 전에는 양구에서 출발하여 금강산 장안사에서 점심을 먹고 돌아올 수 있는 소풍 길이었다니. 고성에서부터 줄곧 머릿속을 맴돌고 있었던 것은 어쩌면 발가락 물집이 아니라 금강산이었을 수도 있겠다고 불현듯 생각했다. 백두산도 백두산이지만 언제부턴가 묘향산과 금강산이 엎치락뒤치락하더니 금강산 관광을 한 번 다녀온 뒤로는 금강산에 사로잡혀 있었다. 소나무들도 소나무들이었지만 그때 먹었던 음식들 가령 섭죽이나 소고기 꼬치는 맵고 달지 않아서 어릴 때 집에서 먹었던 음식처럼 제법 구뜰하고 슴슴해 입이 달았다. 그런 금강산을 그것도 입간판으로만 봐야 하는 것은 무슨 경우인지 알 수 없었다. 민통선 안 꼭꼭 닫힌 문, 첩첩한 철조망을 대할 때면 마치 거대한 옹벽에 머리를 들이박는 기분이었다.

두타연으로 향하는 길에는 문화관광 해설사께서 동행했지만 딴 데 정신이 팔려 아무런 해설도 듣지 못했다. 발탄강

두타연

아지처럼 마음이 바빴기 때문이었다. 수백 년 전에 사라진 두타사라는 절에서 유래했다는 이름, 두타연의 두타頭陀는 범어산스크리트어에서 온 불교 용어로 '번뇌의 티끌을 떨어 없애 의식주에 탐착하지 않으며 청정하게 불도를 닦는 일'을 이른다. 그러나 청정하게 도를 닦는 일도 중요하겠지만 '단장의 능선 전투 지도'가 머릿속에서 떠나지 않았다.

각시원추리꽃

발을 씻고 반창고를 붙인 뒤 물가에 앉아 곡류가 만들어
낸 두타연 계곡을 바라다보았다. 2003년이 되어서야 민간인
에게 개방된 두타연, 츠렁바위 사이를 내리꽂히듯 쏟아져 내
리는 물줄기가 기세찼다. 전쟁과 분단 속에 갇혀 있던, 전쟁
전에도 전쟁 뒤에도 여전히 그곳에 있었을 그리고 그곳에 산
다고 알려진, 단지 이름 때문에 '빨갱이고기', '김일성고기'라
고 불렸다는 열목어熱目魚, 열목어의 주요 먹이인 금강모치,

쉬리 등의 물고기 이름을 떠올렸다. 그러면서 보덕굴이라고 알려진 어둑해 보이는 동굴을 가까이 다가가 들여다보지 못해 안타까웠다.

두타연 보덕굴이 금강산 내금강 만폭동 천길 벼랑 끝에 한 대의 구리 기둥에 매달려 있는 표충사 암자인 보덕암과는 어떤 연관이 있는 것인지, 보덕암의 보덕과 두타연의 보덕각시는 같은 사람인지 다른 사람인지, 아니 관세음보살은 도대체 몇 개의 얼굴을 가지신 것인지 그러면서 내게는 언제 친견할 기회를 주실 것인지 궁금답답하지 않을 수 없었다. 그렇다고 오래 머무를 수도 없었으므로 그저 물길의 방향을 살폈을 뿐이었다.

두타연 계곡은 수입천水入川 지류로 지금은 남과 북 모두에게서 삭제되었다고 알려진 수입면水入面의 청송령에서 발원하여 북한강으로 흘러든다. 그렇다면 한강을 거쳐 서해로 나간다는 말이었다. 하지만 그 물길을 상상하는 일은 차마 아마득했으므로 차라리 물가를 어슬렁거리며 새뜻하고 맑은 각시원추리꽃과 연보랏빛의 부처꽃을 들여다보는 것으로 대신했다.

지뢰지대 및 군사시설보호구역 현수막

막아서지만 막을 수도 없는

다시 길을 걷기 시작했다. 길가 수풀을 가로질러 긴 현수막이 내걸렸고 거기에는 '민통선 이북 미확인 지뢰지대 군사시설 보호구역으로 무단출입 및 채집·영농활동 금지구역'이라고 써 놓았으며 괄호 안에는 처벌 규정과 함께 2017년 6월에는 지뢰 사고가 발생했다고 덧붙였다. 잊을 만하면 현수막은 눈에 띄었고 곳곳에는 역삼각형의 지뢰 팻말이 매달려 있었다. '미확인'이라는 단어에 유

난히 눈길이 쏠렸다. 더듬거릴 수조차 없게 미리 금지하고 막아버리는 확인되지 않은 그것은 눈을 가리고 걷는 듯한 이상한 불안감과 공포심을 키웠다. 함께 걷던 장 아무개 씨가 아바ABBA의 여러 노래들 가운데 '페르난도'를 들려주며 스페인 산티아고 순례길을 걸었던 경험을 이야기했다. 이따금 그렇게 함께 걸어가는 이들이 자신의 이야기를 들려주면서 걷는 가운데 여전히 크고 무겁게 놓인 대전차 방어벽을 지나 이목정 안내소에 도착했다. 안내소 옆에는 '적에게 전율과 공포를 주는 최강 21사단' 표어가 출입 통제선 위에 높이 내걸렸다. 80년대 양구 21사단에서 병역의 의무를 마쳤다는 내 작은오라비에게 대암산 용늪에 가봤느냐고 물었더니, 수색대대에서 근무했다며 딴소리를 했다.

깎아지른 듯한 옹벽도 지나고 도자기 조형물이 우뚝한 면내도 가로질렀다. 방산면은 고령토로 유명하여 조선조에는 왕실 자기를 만드는 경기도 광주분원에 원료를 공급했으며 해방 이듬해인 1946년에는 수입천 물줄기인 직연폭포에 소수력 발전소가 설치되면서 전기가 공급되었던 곳이었다.[14] 마

---

14   김창환, 『김창환 교수의 DMZ 지리 이야기』, 살림터, 2011, 168쪽

옹벽(위) / 휴식(아래)

을 한가운데서는 대형 트럭에 수박을 상차하는 외국인 노동자들도 만나 가볍게 인사를 나누며 헤어졌다. 이제는 내외국인을 나누고 가르는 일마저 조심스러울 정도로 우리가 외국인이라고 지칭했던 이들은 어느새 우리 일상 깊숙이 들어와 서로 스미고 섞이고 있었다. 내가 살고 있는 읍내에도 베트남 쌀국수 집이 생겼다. 어쩌면 오래전부터 외국인은 더 이상 외국인이 아니었는지도. 용하 마을에서 만났던 임 씨 노인은 어린 시절 집 근처에 살던 미군과 혼인한 '색시'의 아이 '쭈부리'를 돌봤고 그이들이 미국에 갈 때 함께 가자고 하는 것을 아버지가 거절하여 미국행이 좌절되었고 그리하여 시집살이가 고되게 느껴질 때마다 친정아버지를 원망했다고. 그때 당신이 미국에 갔으면 인생이 어떻게 바뀌었을지 궁금하다고, 이따금 말하곤 했다.

방산회관에 도착했다. 구운 삼겹살 몇 점을 먹은 뒤 노변정담이 이어졌다. 강사는 두 손의 열 손가락을 다 잃고서도 여전히 산을 향해 가는 산악인 김홍빈 씨였다. 불가능이라는 말의 가능성을 곰곰 되새기는 밤이었다.

윈드 오브 체인지
wind of change

민통선, 걷다-12박 13일의 기록

엿샛날 _ 2019년 8월 1일(목)

지원팀에서 형편이 닿은 대로 땀과 비에 젖은 신발과 옷가지를 보송보송하게 말려다 주었다. 그렇게 애써준 덕분에 젖은 빨래 때문에 애면글면하지 않았다. 넉넉하게 챙긴 옷가지와 여분의 신발이 짐이 될 지경이었지만 매일같이 물기 없이 잘 마른 옷을 입을 수 있었던 것은 매우 즐거운 일이 아닐 수 없었다. 집에서는 먹지 않던 아침을 꼬박꼬박 챙겨 먹는 것도 일이었으나 온종일 걸으려면 먹지 않을 수 없었다. 전날 삼겹살로 저녁을 먹었는데 아침은 육개장이었다. 갈비탕을 아침으로 먹은 날도 있었다. 무엇이든 잘 먹었지만 아침부터 고기를 먹는 일은 거의 없었고 또 먹겠다고 마음먹으면 일없이 잘 먹었으나 그렇더라도 아침부터 고기, 육류는 매우 어려운 음식이었다.

말도 많았으나 여전히 그 속내가 안개 속인 화천 평화의 댐을 향해 발걸음을 뗐다. 숙소 앞 개울엔 넘실넘실 물안개가 피어오르고 있었으며 마을은 그대로 수채화를 옮겨놓은 듯 안개와 안개들이 춤을 추듯 옮겨다니고 있었다. 방산면 송현1교를 건너 강변 데크로 만든 길을 걸었다. 첩첩한 바윗돌 사이를 흐르는 강물은 굼실굼실 도도하게 흘렀다. 전날 강가에서 멱을 감던 사람들은 보이지 않았고 강물 속 어펑바위엔 이따금 백로와 왜가리가 날아내렸다. 산은 높았고 골짜기는 깊었으며 물길은 거침없이 흘러가는 사이 길섶에 핀 참나리에 제비나비 한 쌍이 내려앉았다. 풍경은 우련하여 꿈속인지 꿈밖인지 짐짓 헷갈렸다.

송현리 냇물(위) / 참나리(아래)

사라져간 사람들

전날 노변정담의 강사였던 김홍빈 씨가 함께 건다 중간에서 헤어졌다. 이따금 흩뿌리던 비꽃은 그예 비로 번졌다. 비옷을 입고 빗속을 걷는 일도 어지간만하면 익숙해질 법도 하련만 습기로 땀내로 후텁지근한 비 내리는 아스팔트 도로를 걷는 일은 쉽지 않았다. 종아리는 이제 눌러도 손도 들어가지 않을 만큼 부어서 우스꽝스러울 지경이었지만 걸어야만 길은 끝날 것이었으므로 내친걸음이었다.

닷새를 지나면서 고성에서부터 함께 걸어온 이들과는 조금씩 낯을 익혔고, 걸으면서 두런두런 이야기도 나눌 수 있게 되었다. 그러면서도 걸으면서 바삐 훑어보아야 하는 주변 풍경에 눈길을 돌리지 않을 수 없었다. 방산면 금악리에서 만난 보호수는 골짜기에 있어 길 위에서 내려다보는데도 키가 우뚝했다. 골짜기 소나무 주변은 사방 공사를 하여 주변을 정리한 듯하였으나 나무 우듬지가 앙상하고 나뭇가지를 쳐낸 것으로 보아 나무가 썩 건강하지는 않은 듯했다. 알림판에는 나무 나이 200살이라고 했다. 연명 치료에 부정적인 것처럼 인간이 손을 댄 나무들을 볼 때마다 영 편치 않았다.

양구 오천터널을 향해 치올라가는 구불텅구불텅한 길에 순찰차가 나타나 안내를 시작했다. 오천터널을 지나자 내리막길이었다. 길섶 벼랑 꼭대기 바위짬엔 굽은 소나무 한 그루 늙어가고 있었다. 길섶 어디에서든 꼬지꼬지하게 우겨진 칡덩굴을 볼 수 있었다. 칡은 또 칡대로 한생을 사는 것일 테지만 보는 처지에서는 마치 솜이불을 뒤덮어 놓은 듯 갑갑했다. 사람도 먹지 않고 소여물도 쓰지 않으면서 칡은 제 세상을 만난 듯 크게 번성하고 있었다. 한여름 숲은 짙푸른 초록색 일색이어서 단조로워 보일 뿐만 아니라 매우 미욱해 보였다. 한창때라는 것은 그래서 또 그 모든 어리석음과 둔함마저 아우르는 것일지도 모를 일이었다.

방산면 천미리 평화쉼터에서 점심을 먹은 뒤 샛터교 아래 계곡으로 내려갔다. 천미산天尾山 천미계곡에서 흘러온 냇물은 북한강을 향해 흐르고 있었으나 나는 천미, 하늘 아래 첫 동네 사람들을 생각했다. 천미계곡에 살던, 평화의 댐 건설이 시작되면서 이주해야 했던 이들은 어디로 갔을까. 물밑에 잠긴 마을 풍경은 또 어떤 모습이었을까. 우리 마을 송강저수지도 전쟁 전에는 술도가, 여관 등이 있었던 건봉사 아랫마을이었다. 우리 작은아버지는 저수지 공사 중에 주운 작살을 기억하고 있었다. 작살은 마을 냇물을 거슬러 노루목 골짜기까지 올라오는 송어들을 잡았던 어구였다고. 그리하여 나는 또 어릴 때부터 물고기를 잡고 동물을 기르는 일에 능했던 내 작은오라비에게 전화를 해 어류도감에는 '송어'의 다른 이름이 '곤들메기'로 나온다고 했더니, 송어와 곤들메기는 서로 다른 물고기라고 이러저러 설명을 했다.

낚시꾼도 아니면서 화천하면 먼저 떠오르는 것은 파로호破虜湖였다. 한국전쟁 당시 중국군 수만 명을 수장시키고서 얻은, 대통령 이승만이 승전을 기념하여 명명한 이름. 화천댐은 일제 강점기 때 만들어졌고 화천수력발전소가 있었으나 해방 당시 이곳은 38선 이북으로 북한 땅이었다. 해방 당시 발전 시설 대부분이 북한에 있었다. 북한은 1948년 5월 남한으로 공급하던 전기를 끊는 단전 조치를 취하였다. 그랬으므로 전쟁 당시 북이든 남이든 댐을 지키려고 사투를 벌였고 그 과정에서 전쟁 중 바다에서 사용하던 어뢰가 육지에서 사용되기에 이르렀다. 중국군의 완강한 저항에 부딪힌 미 해군은 댐을 폭파하기 위해 어뢰 공격을 감행했고, 댐은 폭파되었다. 그리하여 봉황이 날개를 펴고 날아가는 듯하여 대붕호로 불리던 저수지는 전쟁의 상흔이 가득한 파로호가 되었다.

진부한 견해, 진부해지지 않는 사실

너른 계곡에는 나들이 나온 이들로 북적북적했다. 물집이 잡힌 발을 씻고 앉아서 물놀이하는 일행들을 구경했다. 가까운 곳에 화진포 해변 등이 있어도 바다를 보러 갈 뿐 해수욕은 하지 않았으므로 이번에도 그저 물놀이에 열중하는 이들을 지켜볼 뿐이었다. 두타연에서도 그랬지만 강물을 보면 나룻배를 띄어 놓고 뱃놀이나 했으면, 아니 조금 더 욕심을 내자면 물고기를 잡아서 고기국 끓여 술이나 한잔했으면 할 뿐. 그러나 물 구경도 잠시 다시 길을 떠나야 했다. 덧난 발가락 물집에 반창고를 다시 붙이고서는 신발끈을 단단히 고쳐 맸다. 양화터널을 지나고 높다랗게 놓인 산천교도 건너고 다시 평화터널을 통과하여 평화의 댐 물문화관 앞에 모였다.

평화라는 말이 무색하리만치 댐은 거대한 콘크리트 장벽으로 되우 위압적으로 서 있었다. 5공화국 전두환 정권 말기 국가의 안보를 빙자하여 위협을 과장하고 공포를 조장하며 여전히 '북괴'라고 불리던 북측의 임남댐^{금강산댐} 수공작전^{水攻作戰}을 방어해야 한다며 정부와 언론이 나서 국민을 겁박하고 '성금'이라는 명분으로 국민들 주머니를 털었다. 정부, 국가

발(위) / 터널(아래)

라면 충분한 논의 과정을 거쳐 예측 가능한 위험을 알리고 국민들 동의를 이끌어내는 게 순서였을 것이었다. 적어도 제대로 된 국가, 정부라면 정권의 이익에 복무하는 것이 아니라 국민의 안전과 이익에 복무해야 하지 않을까. 소설가 위화가 재인용한 '견해는 언젠가 진부해지지만 사실은 영원히 진부해지지 않는다'라는 말을 뒤늦게 되새겼다.

이제 우리는 안동철교를 향해 길을 나섰다. 민통선 구역에 들어서자 군인들이 앞장섰다. 물매가 가파른 구불구불한 자전거 도로를 헉헉거리며 가까스로 고갯마루에 다다랐다. 신발을 벗고 두 다리를 펴고 앉았다. 한 모금 물이 천 근 같은 무게로 목마름을 달래주었다. 어떤 이들은 콘크리트 바닥에 널브러지듯 누웠으며 또 어떤 이들은 입치레를 하며 멍하니 앉았다. 어디선가 매미가 울었다. 양구군에서 화천군으로 군 경계를 넘어서인지 아침에 내리던 비는 온데간데없이 둥실둥실 구름이 흘러가는 하늘엔 간간이 볕뉘 같은 파란 하늘이 드러나기도 했다. 고갯마루에서 맞이하는 그늘 속 바람은 강바람과 산바람이 어울려서인지 상쾌했다.

걷는 동안 저녁 노변정담 강사인 국립전북기상과학관 천문교육팀 이병철 팀장으로부터 별자리 이야기를 미리 들었다. 별 이야기는 언제 들어도 설레는 주제였으므로 발가락 통증쯤은 쉽게 잊었다. 그러다 불현듯 어느 한때 천문학을 공부하다 전공을 바꿔 제노사이드 연구자가 된, 함께 공부했던 어떤 이를 떠올렸다. 천체는 너무도 아득하여 막막했노라고 했던 그 말이 가끔 생각났다. 지금 살고 있는 곳이 농촌 시골인지라 여름이면 냇둑에 반딧불이가 까막까막 날고 있는 동안 별빛은 물론 은하수까지 볼 수 있는 날이 이따금 있었고 그리하여 한밤 별자리를 찾는 일도 어렵지 않았다. 물론 가로등 불빛이 닿지 않는 자리를 찾는 것이 필요했지만.

안동철교라는 이름을 처음 들었을 때 떠오른 것은 기찻길인가 하는 궁금증이었다. 그것은 고성군 북천에 다릿기둥만 남은 동해북부선 북천철교, 철교 때문이었다. 선입견이 무서운 이유였다. 북한강, 댐을 옆에 두고 물길을 거슬러서 걸었다. 남한강을 한강의 본류라고 하고, 북한강을 한강의 지류라고 하지만 금강산에서 발원한 금강천 물줄기가 철원에서 금성천과 합류하여 북한강을 이뤄 양수리 두물머리에서 남한강과 만나 한강이 되고 끝내 서해로 돌아들면 바닷물은 또 해류를 따라 섞이고 스며들 것이었다. 그렇지만 댐을 막아 물길을 가두면서 물길의 높낮이에 따라 나타났다 사라지기를 반복하는 안동철교 가까운 양의대 습지처럼 금성천으로

호랑나비

스며들던 작은 지류들 또한 사라지고 말 것이었다. 안동철교
를 향해 나가고 있던 우리는 어쩌면 강의 미래를 보고 있는
것인지도 모를 일이었다.

아픔을 묻고 또 다른 세계를 꿈꾸며

이제는 자전거, 자동차로 오고갈 수 있게 된 안동철교는 평화의 댐을 건설할 때 생긴 철제 조립식 다리로 지금은 군사용으로 사용된다고 했지만 안동철교에 다다르기 전부터 일행들은 스마트폰과 사진기를 꺼내들었으나 사진을 찍기도 전에 먼저 군인들 목소리가 날아들었다. 금성천이 흘러드는 북쪽 방향으로 사진을 찍으면 안 된다는 군인들 경고는 사뭇 엄중했다. 북에서 남으로 내려오는 통나무를 실은 뗏목을, 남에서 북으로 가는 소금배를 댈 수 있었던 포구였다던 안동포는 이제 이름으로 남았다. 언제 다시 남북으로 물길이 열리게 되면 사진 찍는 것을 살벌하게 제지하던 일도, 북쪽 먼산주름으로만 산과 강줄기를 바라보던 일도 옛이야기로만 전해질 것이었다. 그러나 당장은 북쪽을 향해 서 있는 것조차 쉽게 여겨지지 않았다.

일행들이 안동철교 남쪽 난간에 기대 사진을 찍는 동안 자귀나무 이파리에서 서로를 희롱하는 호랑나비 한 쌍을 지켜보느라 다른 일은 까맣게 잊었다. 다시 서둘러서 이번에는 승합차를 타고 앞으로 가는 것이 아니라 뒤로 돌아 평화의 댐 오토캠핑장으로 향했다. 텐트에서 야영하는 일은 생각지도 않았던 망외의 소득이어서 한껏 즐거웠으나 다리를 끌 듯 제겨디디며 세면장까지 가는 일은 쉽지 않았다. 무엇이든 한쪽이 차면 한쪽은 기울게 마련인 듯 그렇더라도 그쯤은 또 아무렇지도 않은 것이 모처럼 집밖에서 하늘을 맘껏 누릴 수 있는 기회이니 마다할 까닭이 없었다. 밥을 지어 먹으라고 해도 기꺼이 응했을 테지만 저녁은 점심을 먹은 식당에서 배달되었다.

차로 음식을 싣고 오신 주인아주머니께서 평화의 댐이 건설되기 전, 70년대 있었던 간첩 침투 사건을 들려주었다. 보급 차 다녀오던 병사들에 의해 북한강을 따라 북상하고 있던 간첩들이 발견되었고 간첩들은 부산에서부터 군부대 위치를 촬영하면서 북상 중이었다고. 총격 중 국군 한 명 사망, 북한군도 한 명은 사살, 한 명은 자살했는데 짐작되는 나이가 17, 8세여서 안타까웠노라고. 이야기를 듣고 궁금하여 인터넷 검색창을 열었더니 동아일보 1976년 6월 21자 석간 일 면에 국군 1명 사망, 부상 2명의 사상자를 냈고, 북한군 두 명을 모두 사살했다는 대간첩대책본부발 기사가 실려 있었다. 화천이라는 지명 대신 중동부전선 아군지역이라고 두루뭉술하게 표기하였으나 남과 북 양쪽에서 젊은 목숨들이 죽고, 죽여야 했으며 끝내 스스로 목숨을 끊을 수밖에 없었던 절박했

던 장소에 우리가 머무르고 있었던 것은 틀림없었다.

저녁을 먹은 뒤 노변정담이 시작되었다. 오전에 비가 내렸으므로 저녁에 별을 볼 수 있을지 염려했지만 다행스럽게도 오락가락하는 구름 사이로 별자리들이 모습을 드러냈다. 망원경으로 별자리를 관찰하는 일은 맨눈으로 하늘을 올려다보는 것과는 사뭇 다른 느낌이었다. 마치 현미경으로 꽃술

을 들여다보는 것처럼 장난을 하듯 구름 사이로 모습을 드러
냈다 감췄다 하는 별자리는 얄미울 법도 했지만 빗발이 오락
가락했던 하루였으므로 그것만도 감지덕지했다. 여름철 대
삼각형이라고 불리는 백조자리데네브, 독수리자리알타이르, 거
문고자리베가를 볼 수 있었다. 흔히 칠월칠석에 오작교 없어
도 노둣돌 없어도 만나야 한다는 견우성독수리자리과 직녀성거

문고자리 위로 백조자리의 데네브가 뚜렷했다. 며칠 뒤면 칠월 칠석이었으므로 견우와 직녀의 해후상봉을 위해 까막까치들은 어떤 수고를 할 것인지 그리하여 견우와 직녀는 기쁨의 눈물, 칠석우七夕雨를 흘릴 것인지, 잠시 궁금했다. 별이 빛이라는 사실을 감안한다고 해도 밤하늘에서 별을 볼 수 없었다면 우리는 또 다른 세계를 꿈꿀 수 없었을지도 모를 일이었다. 하늘을 볼 수 있었으므로 지상과 지하 또 다른 세계도 상상할 수 있었던 것은 아니었을까.

윈드 오브 체인지
wind of change

민통선, 걷다—12박 13일의 기록

이렛날 _ 2019년 8월 2일(금)

소쩍새 울음소리가 들리고 까마귀가 날아올랐다. 넓고 비탈진 강안을 사이에 두고 물안개가 피어오르는 조금은 축축하게 여겨지는 이른 새벽 강변을 둘러보았다. 회색빛 하늘을 가르며 새떼가 무리를 지어 이동하는 동안 선착장 간판이 있어 잠시 내려가 보았다. 파로호에서 평화의 댐까지 운행하는 유람선이 있다는 소식을 들은 터였다. 댐이 '발전發電, 수리水利 따위의 목적으로 강이나 바닷물을 막아 두기 위하여 쌓은 둑'이라는 사전의 뜻으로만 읽어도 하나의 댐이 만들어지면 그곳에 살던 수많은 숨탄것들이 사라지는 것은 분명해 보였다. 인간을 위한 일은 매번 인간과 숨탄것들의 희생을 전제했다.

어느 때부터 새롭게 만들어지고 있는 구조물들은 놀랍도록 크고 으리으리해서 사람은 잘 보이지 않았다. 읍내만 나가도 아파트 건물이 산줄기를 집어삼킬 듯 가린 지 오래되었다. 내가 사는 마을에도 전봇대들 높이가 자꾸 높아지고 있었다. 더구나 태양광 발전소가 들어서면서부터는 좁은 도롯가 좌우로 전봇대를 박아 놓아서 길을 걷다 보면 속이 울렁거렸다. 올봄 두 명의 사망자를 냈고 오백여 주택이 불탔으며 천여 명이 넘는 이재민을 발생시키며 산림 천이백여 헥타르를 태운 고성, 속초 산불의 진원지가 전봇대였다는 걸 생각하면 등에 찬물을 끼얹는 듯 아찔했다. 곧 터질 것을 알면서도 자꾸 바람을 불어넣는 고무풍선처럼 여겨졌다.

승합차를 타고 전날 걸음을 멈추고 되돌아선 안동철교로 이동했다. 다리 중간쯤에 수 명의 군인들이 대기하고 있었다. 군으로부터 군사기지 및 군사시설 보호구역이므로 금지해야 하는 행동에 대한 설명을 듣는데, 음식점 메뉴판 읽듯 서류철을 들고 읽는 모습에 살짝 어리둥절하면서도 이러한 태세라면 국방은 염려하지 않아도 되겠다 싶었다. 지도를 보면 화천군은 민통선은 있을지언정 비무장지대 즉 군사 분계선은 지나지 않는 군郡이었다. 그리고 화천 수리봉은 조선시대 신경준이 편찬한 산경표에 따르면 철원군 원남면 적근산에서 시작된 적근지맥에 위치하고 있었으며 산행하는 이들이 찾아 오르기도 하는 산꼭대기였다.

화이부동이라지만

장교와 병사 두 명이 앞장섰다. 벌써부터 수리봉에 대한 악명이 자자했고 지원팀에서 미리 경고와 겁박을 한 탓인지 몇 사람은 아예 산행을 포기했다. 그동안 보행 중 사정이 생기면 승합차를 이용할 수 있었지만 이번 수리봉1056m 행은 산꼭대기인지라 자동차 진입이 어려운 까닭도 있었다. 팔월 초입. 그늘진 숲 공기는 추근추근했으나 비포장도로여서 위안이 되었다. 전날 밤에도 의료팀이 발바닥을 치료해주었으나 붓기는 여전했고 물집은 좀처럼 잦아들지 않았다. 하루 이틀 쉰다고 될 일도 아니었고 쉬려고 온 것도 아니었으므로 갈 수 있는 데까지 가보자는 생각이었다. 노상 생각만 많았고 실행은 굼떴으므로 다시 또 수리봉에 올 것이라는 보장도 없었다. 그렇다고 또 걷지 못할 정도도 아니었다.

숲길 초입은 누군가 급하게 풀을 벤 듯 사람의 손길이 느껴졌다. 자주 이용되지 않은 길인지 풀은 무릎을 넘었고 수리봉까지 오르는 길은 또 비포장이었다. 한편 반가우면서도 또 한편 여태까지 포장을 하지 않은 이유가 궁금했으나 그것은 또 그것대로 미뤄두고 걸음을 떼면서도 길섶에 식물들을 눈에 담느라고 바빴다. 큰 산에서나 볼 수 있는 박쥐나물을 만났다. 이름만으로도 반가운 박쥐나물은 이파리가 박쥐처럼 생겨서 그렇게 부른다는데 어린 싹은 나물로, 조금 쇠면 삶아 말려서 묵나물로 먹었다. 또한 박쥐는 북두칠성의 사신

박쥐나물

으로 우리 이웃집 처마에도 살았고 밤중에 소리 없이 날아다
녀서 어른들을 놀라게도 했으나 예전 반닫이나 노리개엔 박
쥐 문양을 새겼으며 하물며 부적으로도 쓰였다. 그리하여 박
쥐는 길상의 동물이면서 벽사의 동물이었다. 오래 머무를 수
없었으므로 사진으로만 남기고 그대로 지나쳤다.

도깨비부채

　산길은 위로 오를수록 가팔라지고 있었으나 앞선 일행들 걸음은 날랜 다람쥐처럼 빨랐다. 앞머리에 선 일행들에게 '네 이처럼'을 하려고 해도 시간이 없다고, 그렇게 속보로 걸을 일이 아니라고 해도 들은 둥 만 둥 길을 줄이기에만 급급했 다. 산악마라톤을 하는 것도 아닌데, 혼자만 분통이 터져 구 시렁거렸지만 앞머리 일행들은 꼬리도 보이지 않았고, 내 뒤 로 오는 이들 또한 그림자도 보이지 않았다. 앞도 뒤도 거리 가 사뭇 멀어서 대체 무엇을 하자는 것인지, 구두덜댔다. 결국 수리봉에는 예정 시간보다 1시간이나 이르게 도착했다. 산길을 오르는 내내 속이 부글부글 죽 끓듯 했다. 앞선 일행들 가운데 내 배낭을 대신 메고 간 이도 있었으나 일행은 보이지 않았으므로 길섶에 난 식물들을 보는 것으로 거친 숨결을 다독거렸다. 길섶에 곰취는 흔해서 건너뛰었으나 도깨비부채는 퍽 오랜만이어서 잠시 머물렀다.

도깨비부채는 키가 1미터 이상 자라고 이파리도 크고 넓어 수레부채라고도 부르며 높은 산에 가야 볼 수 있는 식물이었다. 이른봄에 새싹을 틔우는 곰취는 곰이 좋아한다고 해서 곰취라고 불렀듯 도깨비부채는 본 적 없는 도깨비라는 놈이 갖고 놀았음 직해서 그렇게 이름을 붙이지 않았을까 싶은, 아이들이 연 이파리를 우산으로 쓰고 놀듯이. 우리 마을 숲정이에서 흔히 볼 수 없는 식물을, 화천 수리봉에서 만났으니 그것만으로도 앞서서 질주하는 일행들을 향한 노여움을 거두어야 마땅했을 테지만 한편 그렇게 함께 걷는 일행들 사정은 고려하지 않고 내쳐 달려가는 이유를 알 수 없어서 답답했다. 걷는 목적이 서로 다르다고 해도 아무리 '화이부동和而不同'을 되뇌어도 우리는 개별 산행을 하러 온 것이 아니었으며 걷기는 행군도 아닐뿐더러 달리기는 더욱 아니었다.

앞사람과도 뒷사람과도 거리가 사뭇 벌어져서 혼자 산행하는 꼴이 되었다. 그렇지만 각시원추리꽃도 보고 둥근이질풀도 보면서 바위 절벽 어디에선가 산양이라도 불쑥 튀어나올지도 모르겠다는 생각을 하면서 터덜터덜 걸었다. 전날 물문화관에서 안동철교까지 걷는 길에서 동물들 똥자리를 보았던 터였다. 산양이든 사향노루든 고라니라도 좋을 듯하였으나 산짐승은 그림자도 못 보았다. 산짐승과 인간들 거리는 대체 얼마나 가깝고도 먼 것인지. 끊임없이 외쳐 부르면서도 또 쉼 없이 사지로 몰아넣는 그러면서 또 한편에서는 사라진 종을 복원하느라고 애를 쓰는 게 인간이고 보면 어디만큼 희망도 있는 것은 아닐까 싶으면서도 좋아하면 또 죽이는 게 인간이므로 쉽사리 긍정하지 못했다.

민통선의 역설

한 자는 제각각이지만 남과 북에 걸쳐 수리봉이라는 이름을 가진 산봉우리는 수십 개에 이르는데 매봉, 응봉까지 합하면 아마 수리와 매를 뜻하는 멧부리는 수백 개는 될 듯했다. 우리 마을에도 응골과 응봉이 있었다. 맹금을 편애하는 나로서는 흰꼬리수리와 말똥가리 같은 날짐승들 이름만 들어도 입이 벌어졌으니 가는 곳이 수리봉인데, 무엇을 더 바랄까 싶어 물 한 모금 마시고서는 걸음을 조금 더 재우쳤다. 그러면서 역설적으로 이곳 또한 민통선이라는 이름으로 민간인들 출입을 통제한 덕분에 생태계가 유지되고 있었던 것은 아니었을까 하는 생각이 들었다. 그렇지만 민통선이 남방 한계선을 향해 시나브로 북상하면서 땅값이 뛰는 것은 그만두고 이미 난개발을 염려하지 않을 수 없는 지경에 이르고 있었다.

수리봉 아래 너른 터에 다다르니 먼저 도착한 일행들이 쉬고 있었다. 벙커도 보이고 각종 군수용품이 쌓여 있는 곳에서 배낭을 건네받아 점심, 주먹밥을 꺼냈다. 소풍이라도 나온 듯 즐거워야 했으나 물배로 그들먹했으므로 먹는 둥 마는 둥 하는 사이 수리봉 정상에 갈 사람들이 있느냐고, 올라갈 사람들은 가도 된다고 했다. 함께 밥을 먹던 일행 가운데어떤 이가 날더러 대표로 다녀오라고 할 때까지도 갈 생각이 없었으나 막상 사람들이 하나둘 멧부리를 향해 오르는 모습을 보고 있으려니 봉우리 아래에서 도서는 것은 또 아쉬운 듯하여 밥을 먹다 말고 앞선 사람들 뒤를 따랐다. 오르는 길은 말목에 하나로 이어 묶어 놓은 밧줄과 함께 나무토막으로

만든 비좁은 계단이 있었으나 빗물에 쓸리고 파여 조심스레
올라야 했지만 마음이 급했다.

봉우리에는 통나무를 깎아서 표지목을 세워 놓았다. 〔수
리봉 1056m〕. 사람 키보다 작은 표지목은 그래서 또 쓸쓸해
보였으나 사방팔방이 훤히 내다보이는 곳에 서 있었다. 표지

목을 기준으로 오른쪽 첩첩한 먼산주름 끝이 백암산 OP이고 그 너머에는 북측의 금성천, 왼쪽으로는 대성산이 보인다고 하는데 산마루에 걸린 구름타래는 걷힐 듯 말 듯 느리게 춤을 추듯 오르락내리락할 뿐이었다. 너머에 무엇이 있는지 알고 있었으나 당장 그 너머를 넘을 수는 없는 그러므로 먼 데를 꿈꾸는 일은 그래서 또 쉽고도 어려운 일일 테지만 동서남북

수리봉의 새집

점점이 놓인 먼산주름들을 둘러볼 수 있었던 것만으로도 흥에 겨웠다.

내리막길은 물매가 가팔라서 어려운데다 시멘트 포장 공사 중이어서 물길에 쓸린 흙모래들을 잘못 밟으면 그대로 앞으로 내리쏠릴 판이어서 거북이걸음을 하지 않을 수 없었다. 그렇게 어디만큼 내려갔더니 장병들이 얼린 물과 초코파이를 나눠주고 있었다. 반갑고 고마웠다. 일행들은 삼삼오오 참나무 그늘에 스며들어 단물 같은 얼음물을 마시며 숨을 돌렸다. 매번 이렇게 우리들 걸음에는 다른 이들 수고가 깃들어 있었으나 곧잘 잊었다. 다시 힘을 얻어 풀이 무성한 오솔길을 걸었다. 그러다 어디만큼 걷다가 계곡을 만났다. 돌과 바위들로 어우러진 계류는 맑고 끼끗했다. 일행들 가운데 누군가는 얼굴을 씻고 발을 닦았으며 또 누군가는 아예 물속에 잠겼다. 나 또한 신발을 벗고서 바위에 앉아 물속에 발을 담갔다.

그러다 누군가 휴대폰을 잃어버렸다는 소식이 전해졌고 출발 시간을 다시 늦추잡았다. 누군가 장소를 확인하기 위해 휴대폰을 켰다. 장소는 화천군 상서면 산양리였다. 휴대폰을 찾으러 간 사이 주변을 둘러보았다. 키 높은 나뭇가지들 사이 새집이 눈에 들어왔다. 그런데 새집은 풀로 지어진 것이 아니라 비닐 조각으로 지어졌고 그 아래를 새끼 독사 한 마리가 재빠르게 바위쯤으로 사라졌다. 마을 한가운데도 아니고 숲 한가운데 있는 계곡 옆에서 만난 비닐조각으로 지어진 새집은 놀라웠지만 어쩌면 또 그럴 수밖에 없었을 것이라고 고개를 끄덕거렸다. 하루 25km~35km를 걷는 동안 내가 먹는 500ml 생수 병을 대강 헤아려도 대여섯 개는 넘었다. 플라스틱 문제가 끊임없이 제기되고 있었지만 내일의 지옥이 오늘의 편리함을 이기지는 못하고 있는 듯했다.

휴대폰을 찾았다는 소식이 전해졌고 다시 걷기 시작했다. 걸어 걸어 숙소인 백암회관에 도착했다. 부대찌개로 저녁을 먹는 가운데 어디서 등장했는지 모르는 소주를 한 잔 받았다. 음주는 금기였지만 첫 잔이었으므로 달게 마셨다. 심용환 작가의 노변정담을 끝으로 공식 일정이 끝났다. 강연 장소가 좁은 식당이어서 조금 아쉬웠다. 대체로 노변정담 뒤 발 치료가 끝나면 그대로 잠자리에 들었다. 새벽 일찍 일어나야 일정을 소화할 수 있었고, 대체로 지키는 편이었으며 어지간만해서는 잠자리 때문에 불면에 시달리지는 않았으나 한방에 더위를 타는 이와 추위를 타는 이가 함께 있을 때는 쉽지 않았다.

회자정리 거자필반

숙소에 새로운 일행이 합류했다. 그동안 함께 걷던 이가 마지막 날이라며 이별주를 하자고 연락이 왔다. 언제 다시 볼 수 있을지 알 수 없었으므로 잠자리에서 일어나서 걷는 동안 처음 동네 마실을 했다. 걷는 동안 수많은 사람들이 오고갔지만 누가 누군지 모르는 채 헤어지기 일쑤였다. 한 줄로 걷거나 두 줄로 걸을 수밖에 없는 길이었고 기껏 걸어야 서너 명 정도였고, 하루나 이틀가량 걷고 돌아가는 이들이 숱했으므로 처음부터 몰랐으므로 모르고 돌아간다고 해서 이상한 일도 아니었다. 그런 까닭에 첫날부터 함께 걸어온 이들 가운데 몇몇만 낯을 익히는 사이가 되었다. 어떤 이는 첫해에도 함께 걸었다는데, 두 번째도 함께 걸었다는데, 나는 함께 걸었다는 사실조차 모르고 있었다.

잠시 회관 앞을 구경했다. '사방거리'라는 안내판이 눈길을 끌었다. 사방거리는 산양리 자연 마을로 수복 이후 군복무를 마치고 돌아가지 않은 이들과 함께 각처에서 온 사람들이 만든 마을이라고 했다. 민통선 입주는 정부 정책이었으므로 수복지구에서는 색다른 소식은 아니었다. 휴전선이 지나는 곳은 한국전쟁 최대의 격전지였다. 마을은 사라지고, 사람들은 떠나고. 남은 것이라고 그곳 헐벗은 땅뿐이었다. 지명조차 잊힌 곳도 흔했다. 우리 마을도 그와 다르지 않았다. 집집을 택호 대신 '아무개 중사네', '아무개 상사네'라고 불렀다. 제대한 군인들이 고향으로 돌아가지 않고 마을에서 혼인한 경우이고 중혼인 경우도 흔했다. 심지어 군 복무 중 홀몸이라고 졸라서 혼인하고서 제대 뒤 함께 고향에 돌아갔으나 본처가 있어 친정으로 되돌아온 어르신도 있었다.

어린 시절 마을에는 할머니만 있는 집이 숱했다. 할아버지들은 전쟁의 와중에 죽거나 북으로 갔거나 실종되었다. 어느 집은 며느리와 시어머니 단둘이 살기도 했다. 젊은 인민군이었던 아들과 아버지가 월북한 경우였다. 임 씨 어린이의 담임선생님도 전쟁 중에 북으로 갔다. 선생님의 따님과 부인은 거진에 남았고, 고등학교를 졸업한 선생님의 따님은 임씨 어린이와 같은 마을로 시집을 왔고 시아버지를 지뢰 사고로 잃었다.

Wind of Change

윈드 오브 체인지

민통선, 걷다 - 12박 13일의 기록

3부

철원

윈드 오브 체인지
wind of change

민통선, 걷다—12박 13일의 기록

여드렛날 _ 2019년 8월 3일(토)

화천군 상서면 마현리에서 철원군 근남면 마현리로, 마현리에서 마현리로 군의 경계를 넘는 날이었다. 안개로 희뿌연 5호선 국도, 영서로를 걸었다. 알록달록하게 색칠한 대전차 방어벽을 지났다. 어두운 녹갈색이었던 대전차 방어벽은 어느 순간 색깔 옷을 입기 시작했다. 내가 사는 지역에서는 흔해서 있는지조차 잊고 사는 군사시설이었지만 다른 지역에 와서도 잊힐 만하면 만났으니 인간은 물론 국가 또한 트라우마, 상처에서 벗어나는 것은 결코 쉽지 않은 일이구나 실감했다. 도롯가 양쪽에 시멘트 덩어리로 된 대전차 방어벽과 강이나 개울 바닥에 가로질러 놓은 용치라고 불리는 시설물들은 한국전쟁이 남긴 후유증이었다. 바로 소련제 T−34 탱크 때문이었다. 전쟁 발발 당시 남한은 이 탱크에 속수무책이었다. 정전협정 66주년이 되었는데도 대전차 방어벽과 용치는 여전히 건재했다. 우리와는 달리 북은 미군 폭격기에 대한 대응으로 전쟁의 와중에도 땅굴을 팠고, 정전 뒤인 1974년 경기도 연천에서 제1땅굴이 발견된 것을 시작으로 1975년 강원도 철원 1978년 경기도 파주 그리고 1990년 강원도 양구에서 제4땅굴이 발견되었다.

마현리에서 잠시 쉬었다 다시 걸으면서 천연기념물 보호구역 안내 표지판을 보았다. 독수리 포획을 금지한 안내였다. 비로소 철원이 가까워지고 있다는 실감이 났지만 한여름에 독수리를 만난다면 어떨까 잠시 생각했다. 겨울 한철 하늘을 빙빙 돌다 떠나는 독수리들을 보았지만 가까이서 만난 적은 없었다. 독수리禿수리는 대머리, 민머리 수리라는 말이니 이름과 실물이 절묘하게 맞아 들어간다는 생각을 하다가 '수리'는 수릿과 새들을 가리키기도 하지만 또 '밤이나 도토리, 개암 따위의 일부분이 상하여 퍼슬퍼슬하게 된 것'을 이르기도 하니 같은 말의 다른 쓰임을 생각하며 하늘을 보니 안개가 걷힌 하늘은 쨍쨍하기만 해서 몹시 고된 하루가 되지 않을까 염려하지 않을 수 없었다.

영생불멸은 없다 해도

논 들을 지나 어디 만큼 걷다보니 길 건너 산비탈 밭에서 자라고 있는 것은 놀랍게도 율무였다. 우리 마을에서는 거의 볼 수 없는 농작물이어서 눈길을 끌었다. 강원도하면 감자라고 하던 것도 이젠 옛말이 된 것처럼 이따금 같은 강원도 권역이지만 영서와 영동은 북고성과 남고성만큼 멀구나 했는데 농작물도 이와 같았다. 하지감자 전

에 이미 제주도 감자가 시장에 나왔다. 제주도에서 잡히던 방어가 이젠 고성군 대진 앞바다에서 잡히는 것과는 묘한 대조였다. 그러나 얼마 뒤 우리 마을 냇가에서도 흔히 볼 수 있는 금꿩의다리와 숲 기스락에서 만나곤 하는 참나리와 애기똥풀을 만나고 보니 어디를 걸어가고 있는 것인지 짐짓 헷갈렸다.

첫해 함께 걸었던 김은식 교수께서 합류하셨다. 올해 정년을 맞이하신다고. 첫해는 완주하셨으며 발에 물집이 거의 잡히지 않은 비결을 말씀하셨다. 신나무에 대한 이야기를 나눴다. 옛 책에서 신나무를 가리킬 때 단풍 풍楓자를 쓴다고.

그리하여 단풍나무와 신나무가 헷갈릴 수밖에 없다는 말씀을 하셨다.

　민통선 안으로 들어섰다. 마을 이름의 기원이 되었을 말고개로 향하는 도로는 구불구불 휘어지면서 위로 향했다. 말馬은 짐승을 이르기도 하지만 '크다'를 뜻하기도 하며 무엇보다 아지랑이를 가리키기도 하니 우리들은 크고 높은 고갯마루를 향해 가는 것임에 틀림없어 보였다. 길섶으로는 군부대가 자리하고 있었으며 산비탈은 옹벽과 철책으로 가로막혀 있었다. 오전이었는데도 헉헉거리는 숨소리에 귀가 멀 지경이었다. 곧이어 공원처럼 꾸며 놓은 금성지구 전투 전적비 앞

말고개 정상 / 민통선 안내판

에서 걸음을 멈췄다. 전적비 근처에 또 다른 추모비도 눈에 띄었다. 1996년 7월 집중호우로 인한 산사태로 국방의 의무를 다하던 23명의 젊은이들이 목숨을 잃었다. 영생불멸할 수 없는 것이 인간의 운명이라고 하지만 이런 경우를 만나면 가슴이 두목답답했다.

금성지구 전투

한국전쟁 때인 1953년 7월 강원도 김화 지역에서 정전을 바로 코앞에
두고 벌어진 대규모 전투로 남한에서는 금성 돌출부라고 불리던 김
화 금성천 북쪽 지역을 잃었다. 이 전투로 '중국군 2만7천여 명, 국군
1천7백여 명'이 전사하고, 부상자와 실종자가 5만여 명에 이르렀다.

금성지구 전투 전적비

이번에는 흔히 볼 수 없는, 차량 한 대 겨우 통과할 수 있는 좁디좁은 대전차 방어벽을 지났다. 이제 우리는 철원군 근남면 마현리로 들어선 것이었다. 미확인 지뢰지대 표지판을 옆에 두고 걷는 걸음이 얼추 무감해질 때도 되었으련만 '미확인'과 '지뢰'라는 단어는 알게 모르게 상승효과를 불러일으켜 볼 때마다 마음이 좋지 않았다. 점심시간이 가까워오고 있었고 뙤약볕이어서도 걸음을 빨리하지 않을 수 없었다. 오늘은 수색대대 병영에서 점심밥을 먹을 예정이었다. 팥죽땀으로 온몸을 뒤발하고서는 부대 안으로 들어섰다. 어린 시절 흔히 볼 수 있었던 키 높이 자란 나무들이 그늘을 만들어 주었지만 군부대 배려로 별도로 마련된 장소에 들어섰다. 에어컨 바람이 퍽 고마웠다. 그러나 병사들이 마련한 밥을 먹는 기분은 좀 모호했다. 소고기와 돼지고기 반찬은 두 가지나 있었으나 냉국이든 미지근한 국이든 국물이 없었다. 밖이 온통 옹기 가마처럼 뜨거웠으므로 버릇처럼 구두덜거렸다.

풍경은 기원을 은폐하고

승리전망대에 올랐다. '戰卽必勝전즉필승'이라고 쓴 빗돌이 먼저 눈에 띄었다. 동서를 잇는 휴전선 정중앙, 군사 분계선과 남방 한계선 한가운데 안보를 목적으로 세웠다는 전망대는 뾰족하고 날카롭게 보였다. 간간이 구름이 흘러 다니고 있었으나 날씨는 맑아서 철책 너머 북측을 볼 수 있었다. 눈길을 끌었던 것은 남대천이라고 불리다 이름을 되찾은 S자 모양의 화강花江과 그 너머 말로만 듣던 2013년 김정은 국무위원장이 찾았다는 오성산五星山, 1,062m 그리고 중국 측에서 '상감령 전역'이라고 부르는 저격능선 전투 지역이었다.

승리전망대

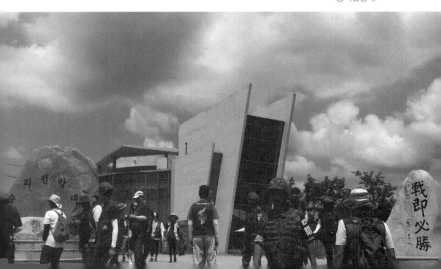

한국전쟁 양대 격전지

'저격능선은 해발 고도 580m 정도로 철의 삼각지대 중심부에 있는 오성산에서 오른쪽 금화 지역으로 향하여 뻗어 내린 여러 능선 가운데 화강 부근에 솟아오른 돌출능선'[15]이었다. 백마고지 전투와 함께 한국전쟁 양대 격전지로 평가된다.

저격능선 전투에서 중국군은 1만4천여 명, 국군은 4천여 명의 사상자가 발생하였다.

15   https://terms.naver.com/entry.nhn?docId=5
       38804&cid=46628&categoryId=46628

승리전망대 창 밖으로 보이는 전망

그리하여 격전지激戰地하면 제일 먼저 떠오른 것은 사상자 숫자였다. 이를테면 이름 없던 고지가 저격Sniper이라는 이름을 얻기까지 얼마나 많은 인명 피해가 있었을까 하는 것이었다.

그러면서 유리창 밖으로 내다보이는 경원선 철길이 지났던 광삼평야는 그저 고요하고 평화로워 보여서 '풍경은 기원을 은폐한다'는 가라타니 고진柄谷行人의 말을 떠올렸다. 그렇더라도 북측의 하소리 협동농장과 아침리 마을과 같은 지명들이 감추고 있는 그곳 사람들은 또 어떤 모습으로 살고 있을까 하는 궁금증이 생겼다. '설명으로만 듣는 것이 아니라 버스를 타고서든 내 걸음으로 걸어서든 서로 만나 눈인사라도 할 수 있으면 좋겠구나' 하는 생각이 끊이지 않았다. 철책 안쪽으로 보이는 풀밭은 잘 깎아 놓은 잔디밭처럼 보여 어떤 동물이든 사람이든 나타나면 틀림없이 눈에 띌 듯해서 전방 전망대에서 메숲진 비무장지대를 상상하는 일에 매번 어려움을 겪곤 했다.

재건교를 지났다. 재건은 1961년 5.16 쿠데타 이후 실시된 국민운동이었고, 우리가 지나고 있던 김화읍 양지리 마을은 1973년 100가구가 이주하여 조성된 '민북마을'이었다. 도롯가에 세워진 '입주 기념비'를 지나면서 전쟁으로 폐허가 된 곳에 들어와 새롭게 터전을 일구며 살아야 했던 이들의 삶은 어떠하였을까 잠시 생각했다. 우리 마을에도 지금은 논밭으로 변한 '정착촌'이라고 불리던 뜸[16]이 있었다. 초등학교 시절 같은 반 급우들 몇몇이 그곳에 살았다. 매우 비좁은 집도 집이었지만 마치 줄을 맞춘 것처럼 순서대로 지어진 집들이 인상적이었다. 바로 군부대 옆 산 뿌다구니에 있었고 좁은 도랑에서 빨래하던 어떤 어른이 기억에 남아 있었지만 지금은 모두들 떠나고 논밭으로 변한 집터는 터무니조차 남아 있지 않았다. 그렇게 삶의 흔적들이 깡그리 사라지고 없었다.

차라리 무심하여

암정교嚴井橋를 향해 걸음을 재촉했다. 둑길을 따라 걷다가 대부분은 신발을 벗고 개울을 건넜지만 나와 몇몇은 승합차를 타고 개울을 건넜다. 개울을 건넌

---

16   한동네 안에서 몇 집씩 따로 모여 있는 구역

암정교

뒤 잠시 휴식 시간을 가지면서 아이스크림 나눠먹었다. 걸으면서 이따금 먹었던 아이스크림은 아마도 내가 일 년 동안 먹을 양을 다 먹은 듯했다. 지나치게 달아서 시원한 느낌을 앗는 아이스크림이었지만 불볕더위 속을 걷고 난 뒤 손에 쥔 아이스크림은 또 그것대로 별미였다. 군부대 초소를 통과하여 민통선 안으로 들어섰다. 대전차 방어벽을 지나 용양 삼거리에서 생창리 쪽으로 걸었다. 사정없이 내리쬐는 강렬한 햇볕은 수풀과 들판의 곡식들을 키울 것이었지만 발밑 아스팔트 도로에서 솟아오르는 지열은 내 온몸을 태우고 익혔다.

도로 원표

　암정, 바위짬에서 솟아나는 샘물이라고 하면 먼저 시원
함을 느껴야 제법일 테지만 어쩐지 나는 암울한 느낌에 사로
잡혀 한증막 같은 더위를 느끼면서 터드럭터드럭 걸었다. 선
입견일 테지만 다리 위에 서서는 선입견만은 아니구나 싶어
안타까웠다. 일제 강점기 때 만들어져 김화와 화천, 평강과
금성을 연결해주었다는, 정월 대보름에는 답교놀이도 했다
는, 그러나 다리는 전쟁의 총탄을 비껴가지 못해 깨지고 부
스러지고 또한 낡삭아서 마치 흉한 허물을 감추기라도 하듯
무성한 풀섶에 버려진 듯 고요히 서 있었다.

다리 앞 안내판에 따르면 암정교는 길이 120여 미터, 높이 7미터, 폭 4미터였다. 또한 다리 진입로에는 쓰레기 무단투기를 금지하는 경고판이 반쯤 쓰러져 있었으며 깨지고 떨어진 다리 머릿돌을 비롯하여 다리 난간을 철사 줄로 얼기설기 이어서 묶어 놓았다. 다리 위에 서서 찰나인 듯 억겁인 듯 무심히 흐르는 강물을 내려다보았다. 콘크리트에 박혔던 날카로운 철근들이 강물 위에 그림자로 내려앉았다. 꽃길처럼 흘러야 했을 화강은 차라리 무심하여 보는 마음을 애닲게 했

유엔사 표지판

다. 다리를 건너 조금 걷자 시멘트로 만든 도로 원표가 길섶
에 서 있었다. 글자는 마멸되어 자세히 알 수 없었으나 화천
43.9km 원산 153.5km 회양 32.4km라고. 그러고 보니 우리
는 유엔사 군사정전위원회가 관할하는 용양보, 금강산 전철
다릿기둥이 있는 곳을 향해 걸어가고 있었다.

농업용수로 쓰기 위해 만든 용양보는 DMZ 남방 한계
선 안에 있었다. 철교 다릿기둥에 이리저리 삐뚤빼뚤 매달린 출렁다리 널빤지와 철선에 앉아 있는 가마우지는 아무런 움직임이 없어 마치 박제 동물처럼 보였다. 김영규가 쓴 철원 주민 구술사인『38선과 휴전선 사이에서』에 따르면 일제 강점 말기인 1943년 무렵 전쟁 물자로 쓰기 위해 철궤를 걷어내어 금강산 전철 운행이 중단되었다는 증언이 나오는 걸로 미루어 당시 식민지 일반 국민들 삶을 짐작할 수 있을 듯했다. 그렇더라도 먼 데 하늘은 구름이 둥실둥실 떠다니고 가마우지는 미동조차 하지 않으며 왕버들 우거진 보 주변 풍경은 전쟁의 상처 따위는 가뭇없이 잊힌 듯 마치 꿈속 아련하기만 했다.

저녁 노변정담 강사는 장동선 박사였다. 마음과 마음, 함께 걷는 이들은 뇌파로 연결된다는 말이 기억에 남았다.

윈드 오브 체인지
wind of change

민통선. 걷다—12박 13일의 기록

아흐렛날 _ 2019년 8월 4일(일)

기억은 언제 소환되며 어떻게 재구성되는 것일까. 아니 잊히지 않는다는 것은 또 무엇일까. 흔히 수복지구라고 불리는 지역에는 체제와 체제의 소용돌이를 겪은 나이 든 실향민들과 원주민들이 있었다. 그런데 이들 실향민들과 원주민들은 서로 미묘하게 결이 달랐으며 속내를 드러내는 일 또한 그다지 흔하지 않았다. 하룻밤 묵은 〈DMZ 생태평화공원 방문자 센터〉는 김화읍 생창리에 있었다. 아침을 먹은 뒤 숙소 주변을 둘러보았다. 먼저 눈에 띈 것은 2010년에 세운 〈이주 40주년 기념비〉와 함께 사라진 마을 〈김화 이야기관〉이었다. 그러니까 우리는 이주 기념비는 무엇이며 김화군은 언제 김화읍이 되었는지, 왜 지금은 김화군이 아니고 김화읍이 되었는지 물어야 하고 들어야 했다.

숙소를 나서자 산허리에 안개가 피어오르는 모습이 눈에 들어왔다. 이상하게 낯설고 별나게 헷갈리는 까닭을 알 수 없어서 무언가 자꾸 지껄이게 만들었다.

참전 군인과 오래된 다리

1950년 6월, 춘천농업학교 5학년이었던 젊은 내 아버지는 학제가 개편되는 바람에 6년제인 농업학교 졸업을 1년 앞두고 2년제 초급 농업대학에 입학할 자격이 주어졌다. 대학에 등록하기 위해 등록금을 챙기러 홍천군 두촌면에 있는 집에 갔다 전쟁을 맞았다. 집에서 등록금을 받아 차를 타려고 집을 나서는데 동네 형들이 전쟁이 났네, 어쩌네 하는 바람에 그대로 집에 눌러 앉았고 그것으로 학교 공부는 끝이었다. 1951년 1.4 후퇴 때 피란을 떠났고 도중에 '청방청년방위대'에 이끌려 '육군예비사관학교'에 입교했다. 처음 입교한 곳은 부산 범어사였으나 며칠 수업을 받다 경주로 이동하여 교육을 받았고, 3개월 뒤 육군 예비 소위로 졸업했다. 처음 배속된 곳은 육군 101사단이었고 얼마 뒤 미군 25사단의 지휘를 받는 육군 105사단 19연대 3대대로 다시 배속되면서 휴전될 때까지 보급관으로 근무했다. 휴전이 가까워질 무렵 '예비'를 뗀 대한민국 육군 소위로 임관, 소위로 전역했다. 전투에는 참가한 적이 없었고 주로 철원. 김화 지역에서 보급관으로 근무했다.

한 번도 전투에 참가한 적 없다는 늙은 아버지의 말씀에

김화 이야기관과 입주 기념비

한국전쟁 전후의 철원

해방 당시 철원군은 38선 이북이었으며 잠깐이나마 북측 강원도 도청이 있었던

곳으로 한국전쟁 뒤 일부는 남측에서 수복하였으나 나머지 일부는 여전히 북측

에 있었다. 한국전쟁이 낳은 유명한 고지전투가 몰려 있는 것도 그래서였다. 생창리는 해방 당시 김화군 김화읍 생창리 였다가 한국전쟁 뒤엔 철원군 김화읍 생창리가 되었다. 전쟁으로 폐허가 되었던, 민통선이었던 곳에 1970년 100가구가 입주하면서 민북마을이 되었다. 김화군과 철원군은 해방 이후만 살펴봐도 전쟁과 분단으로 이쪽과 저쪽으로 갈리고 통합되면서 지명이 바뀌고 소속이 달라지면서 심지어 아예 사라지고 없는 곳도 있었다. 이 과정은 남과 북이 비슷했다. 철원군은 일제 강점기 원산과 서울을 이어주는 교통 중심지로 경원선(서울 용산–원산)의 중간역이자 내금강까지 운행되었던 금강산 전기철도(철원–내금강 장안사)의 출발역이었던 철원역이 있었으며 일제 강점기인 1930년대는 춘천과 강릉에 맞먹는 8만 명이 넘는 인구가 거주했던 곳[17]이었지만 2017년 현재 인구는 4만여 명에 불과했다.

17   강원도민일보
http://www.kado.net/?mod=news&act=articleView&idx
no=986457

다시 한 번, "한 번도 없었다고요?" 했더니 "한 번도!"라고 다시 말씀하시는 목소리는 희미했다. 전쟁터에서 전투에 참가하지 않은 군인이라니. 지금도 주제가를 또렷이 부를 수 있는 어릴 때 즐겨 보았던 KBS 반공드라마 〈전우〉에서 군인은

남대천 둑길

노상 싸우는, 전투하는 사람이었다. 서른일곱 젊은 나이에
세상을 떠난 소대장 역의 배우 라시찬 그리고 장민호, 장항
선, 또 인민군 장교 역의 이일웅을 그래서라도 기억하고 있
었다. 불사조였던 국방군과 매번 죽어야만 했던 인민군, 인

화강의 S자 돌다리를 건너는 일행들

민군들이 전멸하거나 죽어야만 드라마는 끝이 났다. 패한 적이 없던 전투, 총알이 뚫고 지나가도 살아나는 국방군들, 총알이 스치기만 해도 터무니없이 죽어가는 인민군들을 보면서 한 번쯤 그런데 왜 우리는 남과 북으로 갈라졌는지 질문해야 했지만, 그러지 못했다.

날씨는 아침부터 쨍쨍 빛났지만 햇볕을 등지고 걸을 때만큼은 견딜 만했다. 아스팔트 도로를 걸어서 김화교차로를 지나고, 길가 집들 사이에서 잠깐 휴식을 취한 뒤 화강을 가로지르는 S자 모양의 돌다리를 건넜다. 강변에는 캠핑하는 이들이 꽤 많았고 다슬기 축제를 알리는 알림판으로 보건데 축제 마지막 날이었다. 그때부터 강변 둑길을 걸었다. 김화 남대천이었던 이름은 2009년부터 화강으로 불리게 되었지만 다리 이름은 여전히 남대천교였고 강은 또 화강이어서 교정과 교열은 가능한 것인가 고개를 갸웃거리는 가운데 둑길의 가로수는 또 느티나무였다. 주로 둥구나무, 정자나무로만 알고 있던 나무였다.

윈드 오브 체인지

모처럼 앞머리에서 안전요원과 함께 걷고 있던 이인영 원내대표가 스마트폰을 통해 노래를 듣기 시작했다. 어느 날은 아예 없었고, 어느 날은 또 다저녁때 나타나 다음 날 함께 걷기를 반복하며 강행군을 계속하던 이 원내대표가 이날은 전날부터 함께 했고, 첫머리에 섰다. 어느 순간 스콜피언스의 '윈드 오브 체인지wind of change'가 들렸고, 새로운 창이 열린 듯 눈이 번쩍 뜨였다. 그동안 걸으면서 노래를 듣겠다는 생각조차 못했기 때문이었다.

전날 밤 의료팀에게 발바닥 물집 치료를 받으면서 무릎에 테이프까지 감았다. 병원에 가야 한다는 권유를 여러 차례 받았지만 병원까지 가야 하는 것인지, 가면 또 행렬에서 이탈해야 할 터인데 그것은 원치 않았으므로 테이핑만 하고 쉴 참이면 이따금 스프레이 파스를 뿌리는 것으로 대신했다. 그럼에도 쉬었다 걸으면 어느 순간 나도 모르는 사이 발바닥에 신경이 집중되곤 했다. 출발하는 순간은 괴로웠지만 또 얼마만큼 지나면 아무렇지 않게 걸을 수 있었으므로 병원은 애초부터 염두에 없었다.

'약수 뜨러 가는 길'도 그 길에서 들었다. 학교 다닐 때 듣고서는 오래도록 까맣게 잊고 있었던, 그때는 '서클룸'이라고 불렀던 동아리방에서 처음 배웠던 노래들 가운데 하나였다. 운동가요니 민중가요니 구태여 분류했지만 민요가 '소리'인 것과 같이 내게는 다만 노래였다. 내 휴대폰에도 백여 곡쯤 저장해 둔 노래들이 있다는 것을 그때야 생각했다. 그러나 휴대폰이 스스로 업데이트되면서 노래들이 어디로 사라졌는

땅바닥에서 발을 살피는 이인영 의원

지 찾지 못했지만 그때부터 앞사람과 옆 사람에게 부탁하여 몇 곡의 노래를 더 들을 수 있었다. 잠시 어느 시절 마석역 또는 대성리역 근처로 '엠티'를 가는 것 같은 착각을 불러일으켰다. 귀향하면서 동창이든 동문이든 거의 만나지 않았지만 아주 잠깐 그때의 그 선후배, 동무들을 떠올렸다. 그러나 때론 시간도 강물처럼 무심하여 그뿐 그렇더라도 한여름 낯선 강변 둑길을 걸으면서 김민기의 '천리길'을 들을 수 있어서 퍽 반가웠다.

휘파람 소리는 아마득히 사라지고 없었지만 한여름 뙤약볕 속 화강花江, 그 느티나무 그늘 속 둑길에서 들었던 노래들은 또 그렇게 이야기와 함께 기억되었다. 일요일이어서인지 어느 지점에서는 행렬의 끝이 보이지 않을 정도로 많은 사람들이 합류했다. 다리 밑 그늘에 앉아 신발끈을 고쳐 맨 뒤 피망을 먹었다. 때때로 누가 건네주는 것인지도 모르면서 자두, 옥수수, 수박 등을 걷는 중에 식사 중에 먹었지만 피망은 처음이었다. 일일이 소개를 했지만 귀담아 듣지 않았을 것이었다. 긴 남대천교를 건너 도창리로 향하는 길에 앞머리는 도로로 그대로 직진하였으나 다시 둑길로 에우라는 전갈을 받았다. 왔던 길을 돌아가는 일은 쉽지 않았으나 그렇다고 돌아가지 않을 수도 없었다. 몸이 힘들면 마음도 팍팍해졌다. 잘잘못을 따질 일도 아니었으므로 도섰다. 김화읍 도 창리 민방공대피소 근처 정자 주변에 모여서 잠시 쉬었다.

길은 다시 아스팔트 도로였고 비닐하우스들과 전봇대가 이어진 주변 풍광은 여느 농촌과 다를 바 없었으나 부대 검문 소를 지나자 군 장교가 앞장섰다. 민통선으로 들어가는 검문 소를 지날 때마다 안내 장교가 함께 했다. 첫해에 사뭇 각지 고 삼엄했던 분위기와는 달리 많이 부드러워진 것도 사실이 었지만 휴일에도 대민 지원을 해야 하는 군인은 또 무슨 고생 인가 싶었다. 고마움과 안타까움이 교차했지만 그어진 금을 넘을 수는 없는 것, 국경선 아닌 국경선을 지나는 이것 또한 남북 분단이 낳은 슬픈 초상일 것이었다.

쓱쓱 문질러 없앴을 수 있다면

도창2교를 건너 금강산 전기철도 교량을 향해 앞으로 나갔다. 구름이 뭉게뭉게 떠다니고 들판 엔 쨍쨍한 햇볕이 내리쬐는 한가로우면서도 분주한 듯한 팔 월 초입의 여름 한낮, 행렬 가운데는 우산이 등장하기도 했다. 화강의 지류와 한탄강의 본류가 근처 도창리와 정연리 어느 지점에서 만나고 있었을 테지만 우리는 금강산 전기 철도 교량을 보기 위해 자동차를 타고 이동했다. 금강산 전기철도 교량橋梁, 교량이라고 쓰고 다리라고 읽는 번거로움은 여전했으나 등록문화재 제112호로 문화재청에 등록된 공식 명칭이 '철원 금강산 전기철도 교량'이었다. 금강산 내금강 장안사까지 가며 거기에서 다시 원산까지 가는 기찻길이라는 것도 중요했지만 다리 아래를 흐르고 있는 강, 그 이름도 함께 붙여 놓았으면 하는 아쉬움이 컸다. 철원이 아닌 연천 하면 떠오르는 한탄강은 '길이 136km. 강원 평강군에서 발원하여 김화, 철원, 포천 일부, 연천을 지나 연천군 미산면 전곡읍의 경계에서 임진강으로 흘러[18]들었다.

다리를 아니 걸어볼 수 없으니 한번 갔다가 도섰다. 강물빛은 탁했고, 어딘가에서 불쑥 호랑이가 나타난다고 해도 곧이들을 만큼 강안 풀숲은 우거졌다. 고성 북천철교를 떠올렸

---

18   https://terms.naver.com/entry.nhn?docId=1161477&cid=40942&categoryId=33184

다. 다릿기둥만 남아 있던 것을 상판을 올리고서는 자전거
길로 만들어 사람들이 오갈 수 있게 되었다. 다리가 이쪽과
저쪽, 무엇과 무엇을 잇는 것이라면 우리는 여기서 멈추어
서성거릴 것이 아니라 더 멀리 서쪽 또는 동쪽 땅끝까지 오갈

금강산선 다리

수 있어야 했다. 아니 동쪽으로 금강산을 거쳐 원산에서 함
경선을 타고 백두산을, 만주를, 유라시아를 여행하며 어딘가
에 다다를 수 있다면 그래야만 이 금강산 전철은 이처럼 박제
된 유물, 관광 상품이 아닌 다리로서 의미를 되찾을 수 있을

것이었다. 현실은 그러나 이 다리를 구경하러 오는 데도 여러 절차가 필요했다.

전대협 동우회에서 '통일 밥차'를 제공하여 아무 데나 편한 곳에 앉아 점심밥을 먹었다. 수박 화채는 달곰, 시원했다. 구석에 나앉아 신발을 벗고 발가락에 테이핑을 다시 한 뒤 주변을 둘러보았다. 메기 매운탕을 판다던 '전선휴게소'라는 간판이 눈에 띄었다. 아무 때나 내친걸음으로 달려올 수 없었으므로 애틋한 무엇이 몽글몽글 거품처럼 솟구치는 그 사이를 비집고 버스 탑승을 안내하는 목소리가 들렸다. 이제 우리는 멸공전망대로 향했다.

멸공하면 자연스레 방첩이 따라붙는, 70년대 동해안 민통선 인근 마을에서 초등학교에 다녔던 내게 멸공 방첩은 입에 붙어서 잘 떨어지지 않았다. 시시때때로 반공 글짓기, 반공 그림 그리기, 반공 포스터를 그려야 했던, 6월이면 왼쪽 가슴엔 '호국의 달'과 같은 드림을 달고, 멸공방첩/반공방첩이라고 쓴 머리띠를 하고서는 학교에서 읍내에 있는 〈당포함 전몰 장병 충혼탑〉까지 행진했다. 드물게 학교 운동장에서 영화를 상영하는 일도 있었지만 읍내 영화관에서 '들국화'와 같은 반공 영화들을 구경했다. 반공 웅변대회도 빼놓을 수 없는 행사 가운데 하나였다. 학습된 '반공'은 얼마나 효과가 컸는지 지미 카터 미국 대통령이 미군을 철수시킨다고 해서 불안에 떨었다. 기껏 초등학교 6학년 학생이.

산 기스락 어디쯤에서 차는 섰고 그곳에서부터 물매가 사뭇 가파르면서도 급하게 치고 올라간 구불구불하게 이어진 길을 걸어서 올랐다. 숨소리가 몹시 거칠어졌다. 함께 걷던 일행은 어느새 저만큼 앞서 걸어가고 있었다. 멸공 OP는 서북청년회에서 유래했다고 알려진 3사단 백골부대 내에 있었고, 백골이 등장한 알림판에는 살아도 죽어도 백골까지는 더없이 비장한데, 그 뒤에 '아자!'를 무려 세 번이나 덧붙여 놓았다. 한데 환영 안내판은 또 아주 딴판으로 각이 졌다. 전망대 안에 모여 설명을 들었다. 사진을 찍지 말라는 당부는 여느 전망대와 같았으니 눈으로만 담을 수밖에 없었다. 눈앞에 펼쳐진 들녘과 먼 데 산자락들은 퍽 가깝게 여겨졌다.

북한 건천리 마을도 어렴풋했다. 철원 지역에 들어서서는 오성산과 대성산이 마치 쌍둥이처럼 붙어서 따라왔지만 오성산은 군사 분계선 북쪽이어서, 남쪽의 대성산은 또 민간인 출입이 여의치 않은 군사지역이어서 우리는 아무 데도 갈 수 없었다.

철원 멸공전망대와 오성산

멸공전망대는 북쪽으로 평강, 서쪽으로 동송, 동쪽으로 김화를 잇는 철의 삼각지대 정중앙에 위치했다. 전망대 유리창 왼쪽으로는 평강 공주와 바보 온달의 전설을 간직한 서방산, 가운데를 흐르는 강은 한탄강의 상류인 한탄천, 오른쪽으로는 '먼 들에 가지 마라'에서 유래했다는 민들레 들판, 그 뒤 멀리 보이는 오성산 318m 철탑은 아군 GP에서 불과 620m 거리에 있다.

다시 말하지만 오성산은 중국이 상감령 전역이라고 부르고, 우리 쪽에서는 저격능선 전투라고 부르는 곳으로 김일성이 한국군 군번 한 트럭하고도 바꾸지 않겠다고 했다던 곳이다. 결국 북측은 북진하는 유엔군을 저지하여 오성산을 지켰고, 이후 김일성, 김정일, 김정은이 대를 이어 방문하는 주요 전적지가 되었다.

멸공전망대

DMZ 비무장지대 군사 분계선은 경기 파주에서 시작하여 강원 고성까지 번호를 붙인 1,292개의 팻말을 땅위에 꽂아 놓은 것이 전부였지만 남방 한계선 철책은 3중으로 첩첩했다. 하지만 이 또한 멀리서 바라보면 하나의 굵은 철선에 지나지 않았다. 땅따먹기 놀이를 할 때처럼 손바닥으로 아니면 발바닥으로 쓱쓱 문질러 없앴을 수 있다면, 그럴 수 있다면 좋겠다 여겼지만 생각만으로는 또 아무것도 움직일 수 없으니 다만 헉헉거리며 걸어서 올라왔던 길을 이번에서 앞으로 고꾸라질까 서슴거리며 가까스로 걸어서 주차장에 당도했다.

도창리 삼합교 근처에 모여서 다시 한탄강 강둑길을 걷기 시작했다. 강물을 옆에 두고 걷는 길은 큰 즐거움이었으나 이번에는 달맞이꽃들이 떼판을 이뤄 걸음을 방해했다. 약재로 이용하기 위해 식재한 것인지, 아닌지를 놓고 의견이 분분했지만 키 높게 자란 달맞이꽃은 발길에 채는 것은 물론 앞길조차 막아서 잘 보이지 않았으므로 몹시 불편했으나 이에 아랑곳없이 강물에는 가마우지들이 아무런 미동도 없이 강물 한가운데 그림처럼 앉아 있었다. 모래톱이었을 그곳은 깊어 보이지 않았으니 첨벙거리며 걸어서 들어가도 좋을 듯하였다. 하지만 어느 순간부터 변함없는 풍경 속을 걷는 일에 어디 만큼 지치기도 했을 때 옆에서 걷던 이가 '풍경에 감동이 없다'는 말을 듣고서는 그제야 걷는 일을 중단했다. 일행들이 향하던 목적지는 동송읍 양지리였고, 그곳까지 갔다가 숙소인 갈말읍 정연리까지 되돌아와야 했다. 방향을 꺾어 '두루미 체험관' 앞에서 승합차에 올랐다.

저녁엔 김동엽 교수의 '한반도 평화 혹은 전쟁 비핵화의 길, 신한반도 체제'라는 주제의 강연이 있었다. 시작은 1402년 제작된 '혼일강리역대국대지도'였다. 남한은 섬이라고 줄곧 생각했지만 그렇게 그려진 지도를 보고 있자니 생각이 많아졌다. 어릴 때 나는 북괴라고, 어른들은 이북이라고, 금강산 관광을 할 때는 북측이라고 부르고 불렸던 북한을 전혀 모르고 있었던 것은 아닌가 다시금 생각했다. 그리고 강사는 왜, 동서 횡단은 하면서 남북 종단은 꿈꾸지 않는가 물었다. 까맣게 잊힌 꿈, 백두에서 한라까지를 가까스로 꺼내 보았다.

윈드 오브 체인지
wind of change

민통선, 걷다–12박 13일의 기록

열흘날 _ 2019년 8월 5일(월)

아침밥은 차를 타고 이동하여 전날 저녁밥을 먹었던 정연리 마을회관에서 먹었다. 철원 오대쌀은 워낙 이름이 났고 그 쌀로 지었다는 밥은 그래서인지 밥을 먹던 이들마다 칭찬이 자자했다. 고성 오대쌀도 그에 못지않았으나 오대벼는 정부 수매를 하지 않았고 우리 지역에서는 농협에서만 물벼인 상태로 수매했다. 오대벼는 병에 강한 '아끼쓰호'에 추위와 저온에 강한 '후지 269호'를 인공 교배하여 1983년 장려 품종으로 선정 보급되었다. 그러나 2019년 정부 보급 품종은 '삼광, 수광, 해풍, 하이아미, 영호진미'였다. 그동안 잊혔던 토종 벼 재배도 조금씩 늘어나고 있지만 여전히 턱없이 적었다. 어릴 때는 일본 벼 품종과 대만 벼 품종의 교잡종인 통일벼가 최고인 줄 알았다.

우리가 거쳐서 온 생창리, 양지리, 정연리 등의 민북마을은 1970년대 초 민통선 입주 정책에 따라 새롭게 조성된 마을이었다. 지뢰밭을 일궈 논을 뜨고 밭을 갈았지만 농사철이면 이른바 출입 영농, 출입 경작이라는 생소한 이름으로 군부대에서 출입증을 내주어야만 농경지로 들어갈 수 있었다. 출입 초소 앞에는 명찰을 걸어 놓는 명찰판이 세워져 있었다. 우리 마을도 군부대에서 발급한 영농 출입증이 있어야 민통선인 큰 산, 건봉산에 들어갈 수 있었으나 지금은 아예 발급조

철원군, 평강군

민통선 이북에 있다고 하여 '민북마을'이라고 부르는 철원군 갈말읍 정연리 옛 주소는 평강군 남면 정연리였다. 다시 말하자면 평강군 남면 정연리는 한국전쟁 중 남측에서 수복한 땅이었고, 평강군의 나머지 읍면은 여전히 북측에 속해 있었다. 해방 당시 철원군은 38선 이북이었고, 그 위쪽이었던 평강군 또한 마찬가지였으나 한국전쟁 당시 유엔군의 북진으로 남측에서 평강군 일부를 되찾은 것이었다. 따라서 정연리 마을 또한 일제 강점기, 해방과 함께 소군정, 인공 치하라고도 불리고 공산 치하라고도 불리는 조선민주주의인민공화국을 거쳐 한국전쟁과 미군정, 대한민국을 살고 있었다.

'평강은 한국전쟁 때 미 극동사령부가 핵무기 사용을 고려하여 지목했던 핵무기 가상표적'[19]이었고, 천년 전에 이미 이주의 역사가 시작된 곳이었다. 태봉국 궁예는 철원 환도 후 '청주지역의 1,000가구를 철원 땅으로 이주[20]시켰다.

---

19   이기환, 『분단의 섬 민통선』, BM 성안당, 2009, 169쪽
20   같은 책, 169쪽

철원평야를 바라보며

차 하지 않았다.

철원 정연리 마을 사람이든, 속초 아바이 마을 사람이든 그이들은 왜 끝끝내 고향으로 돌아가려고, 가고자 했을까. 장소는 인간에게 어떤 의미일까. 눈앞에서 고향 땅을 내려다볼 수는 있으나 한 발짝도 더는 다가갈 수 없다면 그 땅에서 나고 자란, 이제는 늙어 죽음에 가까운 사람에게 그 땅은 또 무엇일까. 고통, 아픔, 회한, 분노, 애달픔, 그리움으로 그이들의 생을 다 말할 수 있을까. 그어진 금 앞에 선 인간의 긴절함 앞에, 인간은 또 얼마나 무력한가.

수풀에 묻힌 꿈

이른 아침 안개가 자욱한 들길을 걸어 평화전망대로 향했다. 한 시간쯤 걸어서 군부대 초소를 통과하였다. 오전 9시가 채 되지 않아 평화전망대 주차장에 도착했다. 모노레일카를 탈 것이라는 말에 귀가 번쩍 뜨였다. 탈것은 꽤 흥미로운 무엇이었으니 문이 열리자마자 서둘러 창가에 자리를 잡았다. 천천히 상승하는 자이로카gyrocar

창으로 내다보는 바깥 풍경은 한계가 있었지만 그렇다고 해서 즐거움이 사라지는 것은 아니었다. 고개를 들면 감시 카메라가 먼저 나를 지켜보고 있었다. 이제는 어디서나 감시 카메라에 갇히곤 했지만 이게 마지못한 것인지는 좀 헷갈렸다. 보이지 않는 거대한 그물에 포획된 듯 무언가 못마땅하고 꺼림칙했다.

전망대 안으로 들어섰다. 평화전망대, 호전적으로만 들리던 비무장지대 일원에 있던 전망대 이름을 보다가 평화라

평화전망대

고 읽는 전망대를 만나니 긴장의 밀도가 조금은 낮아지는 듯도 했지만, 이곳은 또 한국전쟁 전투 가운데 가장 격렬한 전투가 벌어졌던 백마고지 지역이 보이는 곳이었다. 우리는 서쪽으로 이동 중이었으니 철원읍 대마리 뒤쪽 백마고지에 조금 더 가까워졌고 그 앞을 흐르는 역곡천과 개마고원 다음으로 넓은 철원평강고원은 물론 태봉국 철원성터를 볼 수 있게 되었으나 국내 지도로는 볼 수 없는 유리창 저 너머 십 일 동안 산과 들이 전진과 후퇴, 공격과 공격, 폭격과 포탄의 굉음 속에 중공군과 국군 합해 무려 2만여 명의 사망자를 낸 전투 지역이라는 생각을 하면 정신이 아득했다.

궁예가 이루고자 했던 태봉泰封, '영원한 평화가 깃든 평등 세상'[21]은 어떤 모습이었을까. 통일 왕조를 향한 꿈은 어찌하여 기껏 18년 만에 제 삶을 마치기도 전에 스러지게 된 것일까. 어지러운 세상, 도탄塗炭에 빠진 백성을 구하겠다는 희망은 끝끝내 미사여구였을까. 구만리장천을 내다볼 수 있었던 처음의 꿈은 왜 겨자씨만큼 작아졌던 것일까. 궁예는 풍문처럼 그저 비운의 풍운아였을까. 아니면 이긴 자들이 역사

21   이기환, 『분단의 섬 민통선』, BM 성안당, 2009, 174쪽

에 남긴 패한 자들의 모습, 그것이었을까. 권력을 가진 자는 공감 능력이 떨어진다는 장동선 박사의 말을 떠올린다면 해답의 실마리가 잡힐까.

그러나 궁예가 세웠던 도성 터는 일제 강점기에는 경원선 기찻길이 남북으로 지났으며 한국전쟁 뒤엔 또다시 분단이 되면서 군사 분계선, 휴전선이 동서로 지나는 그야말로 가로 세로로 찢어진 것도 모자라서 아예 남방 한계선, 북방 한계선 속에 막혀 일반인은 출입할 수도 없는 비무장지대에 오롯이 갇혀 있었다. 땅밑, 수풀에 묻힌 꿈을 발굴하면 우리는 궁예가 꿈꾸었던 세계에 도달할 수 있을까. 어쩌면 그것은 누구의 소유도 될 수 없는 그리하여 여전히 공공의 영역으로 남아 있는 것은 또 아닐까.

효성산 언저리 395m에 이르는 낮은 산이 백마고지라는 이름을 얻은 것 또한 전쟁이 남긴 유산이었다. 철원, 평강, 김화를 아울러 철의 삼각지대라고 명명한 것도 이국의 장군 밴 플리트였으며 백마고지, 피의 능선, 단장의 능선들도 다 이국의 기자가 남긴 이름들이었다. 우리 눈으로 기록하지 못한 전쟁, 우리 손으로 종지부를 찍지 못한 전쟁이 바로 한국전쟁, 6.25 동란이었고 그 후유증은 대를 이어 지속되고 있었

철원의 아픔

철원은 철원평야 면적만 661km²이고, 남북으로는 서울과 원산을 오가는 경원선 철길이 지났으며 동서로는 경남 남해에서 평북 초산에 이르는 3번 국도가 오가는 곳이었다. 그랬으므로 전쟁 중 이곳을 놓고 다투는 전투는 더욱 치열할 수밖에 없었을 것이었다. 전망대에서 바라보는 백마고지와 그 너머 김일성이 직접 전투를 지휘했다는 일명 김일성 고지로 불리는 고암산 그리고 낙타봉으로 이어지는 크고 작은 능선들은 죄다 전쟁의 참화를 겪은 곳으로 가까이는 양구, 멀리는 고성까지 이어졌다. 백마고지 전투는 '상승백마常勝白馬'라는 부대 이름을 남기며 기리고 있었지만 북측에서는 전쟁 중에는 물론 전후에도 땅굴을 파는 것으로 그 후유증에 대응했다. 동송읍 제2의 땅굴은 1975년 광부 출신의 초병에 의해 발견되었다.

백마고지 전적지

다. 모노레일카를 타고 오르내리면서 보았던 동송저수지도 마찬가지였다. 일제 강점기 때 만든 봉래호라는 인공 호수는 철원평야를 적시는 관개용수였으나 전투에서 패배한 뒤 북 측에서는 물길을 돌렸고, 농업 용수가 부족했던 남측에서는 다시 저수지를 만들어야 했다.

인간의 꿈, 철마의 꿈

이제 우리는 군부대 장병의 안내에 따라 월정리 역까지 철책을 따라 걷기 시작했다. 사진 촬영 은 할 수 없었다. 첩첩한 철책이 지나는 성벽 같은 둑 아래를 따라 걷는 길이 편할 리 없었다. 어쩌면 여전히 남북이 대치 하고 있는, 66년을 종전終戰이 아닌 정전停戰 상태로 살고 있 는 나라의 국민된 자의 운명이려니 해도 편치 않은 것은 편치 않은 것이었다.

오 리 남짓 걸었을까. 월정리역에 도착했다. 월정月井, 전해 오는 전설은 그만두고 달이 우물에 비쳐 월정일까, 풀벌레 우는 가을 달밤에 우물에 뜬 달을 보게 되는 날이 있을까, 하는 생각조차 쓸데없이 역사 앞에는 청성부대 이름으로 된 환영 안내판이 일행을 맞았다. 청성青星과 월정月井, 푸른 별과 달 우물은 무슨 상관관계일까 생각하기도 전에 주변은 청성부대 관할이었고, 군용 지프와 함께 곳곳에 군인들 모습이 보여 역시 남방 한계선에 가까이 있다는 실감을 아니할 수 없었다.

가수 손병휘와 이정석 그리고 합창단의 노래가 플랫폼을 무대로 이어졌다. 구경하는 이들은 나무 그늘 아래 앉았으나 가수들은 땡볕 아래서 땀을 흘리며 노래했다. 손병희 씨의 '나란히 가지 않아도'는 2018년 두 번째 통일걷기 때 고성 소똥령마을에서도 들었다. 오늘, 철원 월정리역에서 다시 들으니 따라 부를 수 있었다. 내게 노래는 듣기만 하는 노래와 부를 수도 있는 노래 그리고 듣기는 하되 부를 수 없는 노래들로 나뉘었다. 걸으면서 흥얼거릴 수 있으면 좋으련만 그럴 수 없을 때가 더 많았다. 손병휘 씨는 알오티시ROTC 1기였던 아버지와 임진강변에서 주웠던 돌멩이, 그 돌멩이를 장독 누름돌로 쓰셨던 어머니 이야기를 들려주었다.

장애인 단체와 철원군 농민회 회원들이 참석해서 자리는 더욱 풍성해졌고, 밥차가 준비한 점심을 먹은 뒤 주변을 둘

월정리역

월정리역사를 복원하려는 계획은 1988년 9월에 있을 서울올림픽 때 외국인 관광객을 유치하기 위해서였고, 그에 따라 복원되었으나 원래 있던 자리는 비무장지대 안이었다. 따라서 자리를 옮겨 역사를 복원했다. 1914년 경원선이 개통될 당시 월정리역 주소는 철원군 어운동면 월정리였으나 지금은 월정리라는 지명은 지도에서 사라졌고, 가까스로 역 이름으로만 남았다. 역사의 아이러니가 아닐 수 없었다.

복원 후 월정리역사

러보며 쉬는 시간을 보냈다. 인민군이 썼던 화물 열차는 기관실은 그들이 떼어가고 총탄 자국이 선명한 남은 객차는 녹이 슬고 휘어진 채 남아 있었다. 안에는 덩굴식물이 자라고 있었다. '철마는 달리고 싶다' 표지판에는 서울 104km, 원산 123km, 나진 731km 등 9개 도시까지 거리가 적혀 있었다. 달리고 싶은 철마의 꿈을 가로막은 것은 인간이면서 슬그머니 기차에게 책임을 전가하는 듯한 모양새여서 다만 섬잣나무와 구상나무를 올려다보았다.

일행이 일러준 근처에 있다는 연못을 찾아 나섰다. 연못에는 어리연을 비롯한 여러 가지 연꽃이 있었고 그 가운데 백련이 눈에 띄었다. 잠시 데크^{deck}에 앉았다. 주차장과 조금 떨

부서진 기차

어진 곳이어서인지 아무런 소리도, 사람도 없이 그저 맑고 고요해서 차라리 기이할 지경이었다. 전쟁의 상처는 그렇게 잊힌 듯했지만 연못을 한 바퀴 돌아 나오니 다시 철책과 바리 케이드가 눈에 들어왔다. 이제 우리는 철원읍 대마리 백마고 지 전적비를 향해 걷기 시작했다.

나무와 풀, 사람까지 아등그러질 듯 팔월의 불비가 내리 쏟아지는 철원 들판 한가운데 지금은 평화로라고 부르는 3번 국도를 따라 휠체어를 탄 장애인 단체 여러분들이 허위허위 달렸다. 사람이 바퀴보다 빠를 수는 없을 것이겠지만 아스팔 트 지열을 헤가르며 손으로 밀어서 달려야 하는 휠체어는 그 렇지 못했다. 이글이글 모두를 태워버릴 것 같은 태양 아래 구름은 둥실둥실 제멋대로 흘렀지만 인간은 그저 묵묵 두 발 로 길을 줄일 뿐이었다. 그늘 한 점 없는 팔월 한여름의 폭양 을 견뎌내며 걸어야 하는 일은 고역이었지만 앞서 걷는 이들 은 시간 따위는 까맣게 잊은 듯 내친걸음이었다. 사람과 사 람들 거리는 엿가락처럼 길게 늘어져서 앞뒤가 보이지 않을 지경이었다.

그렇더라도 철원군 농민회에서 세운 '통일쌀 경작지'라는 글자를 넣어 새긴 한반도 모형의 안내판과 함께 '대북 제재

해제, 통일 농업 실현'이라고 쓴 펼침막 그리고 한반도 깃발이 무심한 듯 길섶을 지키고 있었다. 논밭 가장자리에 나무, 가로수가 없는 것은 나무 그림자가 농작물에 피해를 준다고 하여 농민들이 꺼려하기 때문이었다. 이곳도 마찬가지인 듯 길섶에 가로수가 한 그루도 없었다. 가로수는 새떼들 특히 참새들 놀이터이기도 했으니 농민들 처지에서는 반길 수 없을 듯했지만 어쩐지 조금 야박하다는 생각도 없지 않았다. 그러나 가을철 집 앞 논배미에 나가 보면 참새 떼가 진을 쳤던 자리에 벼이삭들은 빈 쭉정이로 변해 있기 일쑤였다. 농민들에게 멧돼지, 고라니, 새떼는 그야말로 '웬수'였다. 대포 소리, 전기 울타리로도 쉬이 막지 못했다.

연꽃

어디에도 안착할 수 없었던

이제 행렬은 제멋대로 흐트러져서 백마고지 전적비까지 가야 하는 앞머리는 숙소인 〈두루미 평화마을 체험관〉으로 들어섰으나 오늘 목적지가 아니었으므로 다시 발걸음을 돌려야 했다. 대마 사거리로 접어들면서 왠지 일찍 도착했다는 생각에 무언가 짐짐했으나 곧 아직 일정이 끝난 것이 아니라는 걸 알게 되었다. 멀리서도 보이는 우뚝 서 있는 태극기를 향해 앞으로 걸어나갔다. 아무도 내게 더 걸으라고 하지 않았지만 '고지'를 눈앞에 두고 그냥 물러설 수는 없었다. 하늘을 찌를 듯 높이 치솟은 전적비와 자작나무들 그리고 태극기 물결 그 앞 휴게소에서 하드도 하나 먹고, 돌아섰다.

두루미 평화마을 체험관에서 만난 상허 이태준 흉상과 무덤은 여러 가지가 엉켜돌아서 마음이 가볍지 않았다. 1988년 그동안 묶여 있던 월북 작가들이 해금되었고, 곧바로 창비에서 나온 이태준의 『문장강화』를 읽은 내게 이태준은 여느 작가들과 달리 기억되었다. 그이의 단편들은 또 어떠하고. 그러나 상허의 흉상은 양쪽 어깨가 짝짝이였다. '수복지구'가 된 고향 철원에서는 월북한 '빨갱이'라고 애써 잊으려 하

고, 해방 공간에서 택한 북쪽에서는 또 숙청을 당하고. 어쩌
면 어디에도 안착할 수 없는 것이 작가의 운명일 것이었지만
그렇다고 해서 안타까움이 덜해지는 것은 아니었다. 이를테
면 '백마고지역'이 아닌 '이태준역'이라고 이름을 지었더라면
한국 문학사 한 귀퉁이를 떠들어 보여주는 의미도 있었을 텐
데. 이태준1904년~?은 조선프롤레타리아예술가동맹인 '카프'
출신도 아닌 김유정, 이상, 박태원 등과 함께 활동한 '구인회'

회원이었다. 춘천엔 김유정역, 철원엔 이태준역, 이렇게 불릴 수 있었더라면 좀 좋았을까.

　지인이 소개하여 오래 전 일부러 서울 성북동에 있는 수연산방에서 차를 마신 것도 다 이태준이라는 이름 때문이었고. 그리하여 통일 걷기를 끝내고 집에 돌아온 뒤 단편소설 『해방 전후』를 다시 읽었다.

저녁엔 바깥마당에서 고기를 구웠다. 그동안 주로 함께 걸었던 이들과 한 식탁에 앉았다. 집에서는 거의 먹지 않는 고기였지만 바깥에 나가면 남들만큼 먹었고, 이날은 뜨겁고 무더운 뙤약볕을 쐬며 걸었으므로 아니 어디에서 났는지도 모를 소주가 있었으므로 즐겁게 참석했다. 탄산 맛이 짙게 나는 '대작'이라는 이름의 철원 막걸리는 이름 때문에 살짝 고개를 갸웃거리면서도 두어 잔 마셨다. 그렇다고 술자리를 마냥 할 수 있는 것도 아니었다. 한쪽에서는 저녁밥도 먹어야 한다고, 다들 식당으로 향할 것을 재촉했다.

저녁 노변정담 강사는 최태영 박사였다. 통일 걷기 첫해부터 만났고, 『야생동물 흔적 도감』으로 먼저 만난 저자였다. 그 자리에는 철원농민회 회원들이 참석했고, 질의 응답 시간에는 민통선 해제에 따른 부작용에 대해 애써 이야기했다. 아픈 아우성처럼 들렸다. 땅을 매개로 한 갈등은 수복지구, 민통선에서 벌어지는 이젠 별스럽지도 않은 일이 되었다. 철원 두루미 서식지 파괴를 걱정하는 이들과 남북 철도와 도로 복원, 연결은 지하, 땅굴로 이루어져야 한다는 강사의 역설은 우리가 지금 어디에 서 있는지 보여주었다.

윈드 오브 체인지
wind of change

민통선, 걷다―12박 13일의 기록

열하룻날 _ 2019년 8월 6일(화)

상허 이태준에 대한 생각이 꽤나 끈질겨서 그랬는지 전날 저녁밥도 그렇고 아침밥도 내게는 무척 매웠다. 숙소를 출발하기 전 다시 그이의 흉상과 무덤을 둘러보았다. 일제 강점기에 나온 소설들이 여전히 읽히고 있다면 그 글의 힘을 다시 한번 돌아봐야 했다. 불우했던 생애사는 그만두고서라도 시대의 흐름에 따라 다르게 평가되는 것은 문학 또한 다르지 않을 것이었다. 그이의 글에 등장하는 고향 철원의 여러 지명들은 지금은 거의 다 사라지고 없었다. 살아서도 죽어서도 상허에게 고향은 아무 곳도 아닌 곳일 수 없었을 것이겠으나 고향 그곳 철원은 여태도 냉정하고 무심하기 짝이 없었다.

짐을 챙겨 계단을 내려오면서 내 키보다 높게 만들어진 신발장을 한 번 더 올려다보았다. 초등학교 때 누군가 신발을 감추기도 하고 나란히 놓기도 했던 복도 한쪽에 놓여 있던 신발장을 연상케 했다. 밖은 안개가 자욱했다. 백마고지 전승비까지 자동차로 이동했다. 「고성 DMZ 평화의 길」에 이어 올2019년 6월 1일 두 번째로 열린 「철원 DMZ 평화의 길」이 예정되어 있었다. 거대한 백마 조형물이 눈에 들어왔다. 마치 달려 나가려는 말의 고삐를 잡아채 겨우 멈춰 세운 듯한 모습의 흰 말은 너무 커서 고개를 뒤로 젖히고 올려다봐야 했다.

빽빽하게 심어 놓은 그리하여 주눅이 잡힌 자작나무 숲과 사방 어디에서 봐도 다 보일 듯한 50미터에 이른다는 태극기 깃대봉 그리고 바윗돌로 만든 전적지와 전승비 표지석이 자작나무 숲길 입새 좌우에 있었다. 조지 L. 모스가 말한 '전사자 숭배'라는 말이 떠오르지 않을 수 없는 풍경이었다.

돌아가지 못한 사람들

철문이 열렸다. 「철원 DMZ 평화의 길」 안내를 맡은 이는 자신을 미군 소속의 이 아무개 중령이라고 소개했다. 이곳 또한 정해진 곳 외에는 사진을 찍을 수 없었다. 〈한국전쟁 정전협정문〉에도 비무장지대는 유엔사 군사정전위원회 관할이라고 밝혔지만 그런 까닭에 우리 일행들이 민통선에서 DMZ 근처로 접근할 때마다 경고 안내판을 마주해야 했지만 그렇더라도 미군 소속이라는 말 때문에 머릿속 한쪽이 웅웅거렸다. 나는 아귀가 맞지 않는 문틈을 들여다보고 있는 듯한 뒤숭숭한 심정으로 일행들을 따라서 걸었다.

철원 DMZ 평화의 길

출처: 두루누비 〈DMZ평화의 길〉 갈무리

공작새 능선 조망대

걷는 길 오른쪽으로는 마치 둥글둥글하고 거대한 도롱 농 알 같은 원형 철책이 키 높게 이어지고 있었으며 왼쪽으로는 논들이 펼쳐져 있었다. 철책만 아니라면 여느 농촌 풍경과 다를 게 없다고 여길 만큼 한갓지고 평화로워 보였으나 이제 우리는 전쟁 중에 사망, 실종된 병사들의 유해가 발굴되고 있는 화살머리고지 근처 통문 앞을 지나게 될 것이었다. 내 젊은 아버지가 한국전쟁 기간 내내 보급관이 아니고 전투병이었다면 내게 무슨 일이 일어났을까 생각했다. 그것은 전쟁 중 근무지가 철원, 김화라고 했던 말 때문에 더욱 증폭되었다. 물론 전투병도 전투에서 살아서 귀환했고, 지휘관이었어도 전쟁터에서 사망했으며 직접 적과 대면하지 않았던 민간인 사망자도 숱했지만. 가정은 대체로 쓸모가 없었지만 그렇더라도 이곳은 철원, 백마고지 전투가 벌어졌던 곳이었으므로.

백마고지를 건너다보았다. 역사를 지우고 보면 백마고지는 흔히 있는 야트막한 동네 뒷산처럼 보였다. 그러나 그곳에 여러 수식어가 붙는 것은 그만큼 숱한 생명들이 목숨을 잃었기 때문일 것이었다. 사망자만 적군과 아군 2만여 명이었으니 부상자는 또 얼마였을까. 상념은 상념대로 놓아둔 채 화살머리고지를 바라다보면서 철책 사이를 걸었다. 놀란흙[22]이 드러난 산비탈이 눈에 들어왔다. '땅속에 발목뼈 채 묻히

---

22 한 번 파서 건드린 흙

지 못해 한없이 떠도는 원혼冤魂[23] 들이었을 주검들, 전쟁은 영면永眠마저 어렵게 만드는 것은 아닌지. 그 주검, 유해들은 우리가 알지 못하는 수많은 이야기들을 층층켜켜 품었을 텐데, 의례를 거치지 않은 주검은 '나쁜 죽음, 원혼[24]'이 된다는데, 애도와 추념 사이를 오락가락했다.

철책 너머엔 북측 '강원도 평강군 신정리 신성산에서 발원하여 철원군 오탄리, 백노산리에서 임진강에 흘러드는' '뱀처럼 구불구불하게 흐르는', '지난날 철원 고을 뒤로 흐르는 강이라 하여 뒤내강이라고도'[25] 한 역곡천이 흐르고 있었다.

우리는 화살머리고지 유해 발굴 현장까지 가지 않고, 57 통문 앞에서 잠시 쉬었다. 통문 안에는 발굴 현장에서 일하는 이들과 대형 트럭들이 바쁘게 오가는 게 보였지만 나는 햇볕을 피해 앉아서 이들을 구경할 뿐이었다.

---

23   황동규, 『미시령 큰바람』, 문학과지성사, 1993, 87쪽
24   강인철, 『전쟁과 희생』, (주)역사비평사, 2019
25   https://terms.naver.com/entry.nhn?docId=3230944&cid=57738&categoryId=57754

한국전쟁 유해 발굴 사업

화살머리고지 유해 발굴은 2018년 9월 18~20일 평양 남북정상회담에서 합의된 〈판문점선언 이행을 위한 군사 분야 합의서〉를 통해 DMZ 내 시범적 공동 유해 발굴을 6.25전쟁 격전지였던 강원 철원 지역의 '화살머리고지' 일대에서 진행하기로 합의한 것이었으나 현재는 남측에서만 유해 발굴을 진행하고 있었다. 신원이 확인된 고 박재권^{당시 21세} 이등중사는 가족들 품으로 돌아갔다. 화살머리고지 전투는 중국군과 국군, 유엔군 소속의 프랑스군, 미군 등이 참가한 전투로 현재 국군 전사자 200여 명과 미군·프랑스군 전사자 100여 명의 유해가 있을 것으로 추정했다.

화살머리고지 앞에서

이름 모를 비목이여

땀을 식힌 뒤 행렬이 출발하고서 얼마 안 되어 껑 중껑중 뛰고 있는 고라니를 보았다. 인기척에 놀랐는지 논배미에 있던 고라니는 껑충대며 길 한가운데를 내달리다 그예 철책에 몸을 부딪치고서는 어찌할 바를 모르고 우왕좌왕하더니 가까스로 논배미 속으로 사라졌다. 뛰어오르며 철책에 여러 번 몸을 부딪치는 그러나 통과할 수 없는 고라니를 마주보면서 나 또한 어리떨떨했다. 눈앞에서 보면서도 무슨 일이지, 되뇌었다. 고라니야 우리 마을에서도 흔해서 매일같이 논배미, 개울, 산 기스락에서 만나곤 했지만 이처럼 철책에 막혀 방향을 잡지 못해 헤매는 상황은 여태 볼 수 없었다.

강원도에서 경기도로 도의 경계를 넘어 연천군 신서면 열쇠전망대에 도착했다. 섭씨 37도, 폭염이 절정에 달했으나 물매가 매우 가파른 전망대를 향해 허위허위 걸었다. 통일의 열쇠가 되겠다는 열쇠부대는 5사단 소속이었다. 전망대 안으로 들어가 병장 계급을 단 병사의 설명을 들었다. 유리창으로 내다보이는 시계는 아주 좋아서 북측 선전 마을이었던 마장리와 화살머리고지 그리고 백마고지를 볼 수 있었다. 전쟁 중 396미터였던 백마고지는 386미터로 깎였고, 1969년 이후 철책을 군사 분계선 쪽으로 밀어붙이면서 분계선을 기준으로 남북이 각각 2km 후퇴하여 4km 완충지대를 만들자고 했던 협정은 물거품이 되고 말았다. 그리하여 어떤 곳은 북측과 남측 OP 거리가 채 1km가 되지 않았다. 태극기와 함께 휘날리는 유엔기 그리고 화살머리고지 유해 발굴은 5사단이 주도하고 있다고.

건물 밖으로 나오니 유리 상자 안에 총탄 자국이 선명한 〈T-bone 능선 전투 기념비〉가 전시되고 있었으며 그 옆에는 '1953년 3월 23일 대광리 북방고지 탈환을 위하여' 산화한 장병들을 기리기 위한 충현탑memorial monument도 있었다. 이렇게 기억되는 이들도 있었지만 흔적마저 찾지 못하고 흩어진 이들은 또 얼마나 많을까. 국방부 유해발굴감식단에 따르면 '미처 수습되지 못한 채 아직도 이름 모를 산야에 홀로 남겨진 12만 3천여 위 호국 용사들의 유해'[26]가 있다고. 그 무엇도 그이들의 삶을 대신 말할 수 없을 것이었지만 그렇더라도 살아남아서 삶을 이은 이들의 후손들은 지하로 내려가서 전시

---

26   국방부 유해발굴감식단, http://www.withcountry.mil.kr/

충현탑

물도 구경하고 '밥버거'로 점심밥을 먹었으나 또 몇몇은 준비한 밥이 모자라 점심밥을 굶을 처지가 되었다. 그리하여 행로를 이탈하였다. 승합차를 타고 밥 먹을 데를 찾아 나섰고, 연천읍 와초리 사거리 마을 편의점에 이르렀다.

점심밥을 못 먹은 이는 한 명이었으나 승합차에는 6명이 탔고, 점심밥으로 컵라면을 먹는 이 옆에서 커피를 마시면서 사거리를 오가는 몇 대 안 되는 자동차들을 구경했다. 산 기슭에 낮게 터를 잡은 집들과 축사들, 논두렁에 심어 놓은 콩, 길섶에 줄느런한 전봇대와 전봇대를 연결하는 여러 줄의 전깃줄 그리고 동글동글하게 우듬지를 깎아 놓은 가로수들, 그러나 속내를 알 수 없는 마을의 사거리는 고요하고 평화롭고 나른해 보이기까지 했다. 오래 머물 수도 없었으나 함께 한 일행 가운데 어떤 이가 땡땡이는 가슴 졸여 하지 못하겠노라고 애를 태웠고, 점심시간도 얼추 끝날 무렵이라 자리에서 일어섰다. 아주 짧은 시간이었으나 또 매우 긴 시간처럼 여겨져서 발걸음이 가벼워졌다.

승합차를 타고 검문소를 다시 통과하여 일행과 합류했다. 집들은 보이지 않는 평평한 이차선 들길을 걸으면서 바라보는 들과 산비탈에는 인삼밭과 율무 그 사이 등성이와 비탈에는 칡덩굴이 점령했다. 꼬지꼬지하게 빈틈이 없는 것은 물론이거니와 덤불이어서 바라보는 것만으로도 숨이 막힐 지경이었다. 칡은 어디에서나 공격적이어서 나무와 풀을 휘어 감기 시작하면 숙주가 된 식물들은 시나브로 말라 죽었다. 한 가지 식물이 득세하면서 벌어지는 일이었다.

걷다가 쉬는 곳이 군부대 근처면 군부대 화장실을 이용할 수 있었고, 어느 때는 군부대 안에 있는 교회 화장실을 쓸수도 있었다. 일반인이 출입할 수 없는 금단의 영역이었지만 군부대에서는 노상 방뇨가 쉽지 않은 여성들을 위해 자리를 내주곤 했다. 기회가 생길 때마다 빠지지 않고 부대 안으로 들어가서 이용했다. 어느 때는 군부대 차량을, 어느 때는 걷기 팀을 지원하는 차량을 이용했다. 아이가 군 복무 중이거나 복무를 마친 부모들은 그럴 때마다 병사들과 동류의식을 공유하는 걸 지켜보았다.

마거천을 건널 때는 승합차를 타고 건넜다. 발을 물에 담갔으면 하는 바람이 없지 않았으나 물집이 잡힌 발을 건사하는 일이 쉽지 않아 그만 포기했다. 오른쪽 발바닥까지 물집이 잡혔기 때문이었다. 아쉬움이 없을 리 없었으나 매번 바람대로 움직일 수는 없었다. 한두 명과 산행할 때와 다른 점이었다. 어느새 산비탈로 이어진 자드락길로 접어들었다. 멀미가 날 듯 속이 울렁거렸다. 매우 좁은 대전차 방어벽을 넘어야 했지만 미련 없이 승합차에 올랐다. 미련이 담벼락을 뚫기도 한다지만 미련을 부릴 일도 아니었다. 그러면서 마음에 품었던 어떤 생각을 털어버렸다. 고개를 넘은 뒤에 다시 걷기 시작했다.

마을로 들어서니 길섶 가로수가 뒤에 이름을 알게 된 미국풍나무였다. 나는 처음 보는 나무였고 이름을 몰라서 서로들 갈팡질팡했다. 모를 때는 추측이나 짐작하여 말하지 않는 것이 필요했지만 어쭙잖게 알수록 쥐대기[27]일수록 언거번거하기 일쑤였고, 나 또한 곧잘 그런 함정에 빠지곤 했다. 나무나 풀, 꽃을 사진으로 보고 아는 것은 종종 실물과 어긋날 때가 많았다. 사진은 확대하거나 축소할 수 있었으며 그리하여 왜곡될 여지가 충분했다. 꽃으로만 식물을 알게 되는 경우는 더더욱 식물의 성장 과정을 배제, 소외시키기가 쉬웠다. 식물이 성장해야 꽃을 피우고 열매를 맺을 수 있으며 그 과정에서 식물체는 줄기와 이파리들이 바뀌기 때문이었다.

연천읍 합수리, '전 기황후 릉터'라는 표지판이 있는 상리를 거쳐 군남면 옥계리에 접어들었다. 숙소인 옥계3리 문화복지회관에는 어르신들이 아직 하루 놀이를 다 끝마치지 않으셔서 기다려야 했지만 어르신들은 집으로 돌아가시기 전에 찐 옥수수를 내주셨다. 마당 한쪽에는 장마당이 섰으며 지역에서 생산한 농산물로 만든 반찬과 밥으로 저녁을 먹었

---

27   솜씨가 서투른 풋내기 장인

정세현 전 통일부장관의 '평화' 강연

다. 밥을 하시는 부녀회원들께서 직접 심고 가꾼 채소로 만든 반찬이라는 말씀을 잊지 않고 하셨다. 어디서 왔는지도 모를 음식을 먹는 일에 이미 익숙해졌으므로 때로는 원산지, 재료가 생산된 곳을 알면 신선하게 여겨졌고 맛 또한 배가되는 느낌은 어찌할 수 없었다.

저녁 노변정담 강사는 정세현 전 통일부장관이었다. 평화平和는 왜 늘 여정旅程이어야 하는지, 나는 그것이 궁금했다.

윈드 오브 체인지
wind of change

민통선, 걷다—12박 13일의 기록

열이틀날 _ 2019년 8월 7일(수)

이슬비가 내리는 새벽, 잠자리에서 일어난 이들은 길 떠날 채비로 분주했다. 내일 하루 일정이 더 남아 있었지만 해종일 걷는 일은 오늘이 마지막이었다. 안도감과 아쉬움이 갈마들었지만 이슬비는 그치지 않았다. 이 아무개 씨가 드립 커피를 내놓아서 한방에서 잤던 이들이 아침 전에 커피를 한 잔씩 나눠 마시고서는 아침밥을 먹었다. 이른 새벽 주방에서 부추 겉절이를 하는 모습을 보아서인지 밥과 반찬이 깔끔하고 담백하여 입이 달았다. 든든하게 먹고서는 자리에서 일어섰다. 비옷을 입고서 출발하는 일이 익숙해질 리 없었지만 달리 방법이 없었다.

임진강변 둑길을 걸으며 매우 거대한 〈군남 홍수 조절지〉를 바라보았다. 그러면서 조절지調節池라는 단어 뜻이 선뜻 들어오지 않아서 몇 번 눈을 깜빡거렸다. 홍수를 조절하는 저수지를 뜻한다는 걸 깨우치며 나는 이미 '댐dam'에 익숙해져 있다는 걸 비로소 깨달았다. 집 앞에 있는 냇둑을 제방堤防이라고 불렀고, 어느 책에서는 또 제언堤堰이라고 하는 걸 무슨 뜻인지 몰라서 사전을 뒤적거렸다. 물론 홍수 조절이 최우선 목적이라고 하더라도 헷갈리는 것은 어찌할 수 없었다. 그러나 그것도 잠깐 군남면 삼거리와 왕징면 북삼리를 잇는 길고 긴 북삼교, 다리를 건넜다. 옛날에는 나루터, 징파나루

군남 홍수 조절지

가 있어 나룻배를 타고 양안을 오고갔다고 그리하여 지금 북삼리를 나룻배마을이라고 부른다고.

북삼삼거리 군부대 검문소 앞에서 멈춰 섰다. 왕징면 강내리, 강서리, 작동리는 미입주 지구이며 출입 영농만 가능한 민통선 지역이었으므로 군부대 장교가 앞장섰다. 대전차 방어벽을 지났다.

부슬부슬 이슬비가 내리는 논들 사이로 난 농로를 따라 걸었다. 농부들 마음은 어디든 매한가지인 듯 논배미와 마주한 농로 옆에는 참깨가 꽃을 피우고 있었다. 우리 마을에는 흔히 대두라고 하는 메주콩을 심는 데 반해 이곳엔 참깨를 심었던 터라 더욱 눈길을 끌었다. 깨라고 하면 들깨 그리고 들기름뿐인 줄 알았던 어린 시절 도시로 이주한 뒤에 콩기름, 참기름을 만나고서는 놀랐던 기억이 새삼스러웠다. 그래서인지 남녘이 고향인 내 자매의 딸은 들기름을 먹지 않았고, 나는 참기름을 즐기지 않았다.

빗속을 걸을 때면 매번 부딪치는 것이 쉴 데가 마땅하지 않은 것이었다. 앞머리에 섰던 안내 장교가 어딘가로 전화하

행렬 앞머리와 안내 장교

는 소리를 들었다. 쉴 데를 마련하려고 이러저러 애를 쓰는
게 고마우면서도 미안스럽기도 했다. 일행들은 비옷도 입고
우산도 쓰고 걸었으나 그이는 전투모만 쓴 맨몸이었다. 마을
에 홍수가 나거나 폭설이 내린 뒤, 봄가을 일손이 부족해지
는 농번기 때 틈틈이 '대민 군사 지원'을 하는 장병들을 보아
왔지만 그렇다고 해서 그 수고에 따른 고마움이 가벼워지는
것은 아니었다.

길은 끝이 없지만 함께했으므로

민가가 없는 길을 걸으며 의식하지 않으려고 해
도 '민통삼거리'와 같은 도로 표지판을 보고 있
으면 걷는 곳이 민통선 안이라는 걸 실감하지 않을 수 없었
다. 강서5교를 지나면서 미수 허목의 묘역과 은거당 등의 표
지판이 눈에 띄었지만 그대로 지나쳤다. 때로는 도로 표지판
을 보는 것만으로도 그 지역의 이력 한 귀퉁이쯤 떠들어 볼
수 있겠으나 그렇다고 직접 마주할 수 없는 아쉬움이 가시는
것은 아니었다. 비가 가랑가랑하는 논둑길에 서서 물을 마시
고 다리쉼을 했다.

발바닥이 물집으로 질퍽거리고 길은 어디에서 시작하여 어디에서 끝나는 것인지 알지 못한 채 앞사람을 따라 걸음을 옮겼다. 첫머리와 끝머리 거리가 없어지고, 한쪽은 걸음을 늦추라고 하고, 또 다른 한쪽은 그대로 가라고 하고, 각자의 욕망과 욕심으로 때때로 길은 어긋나기도 하고 끊어지기도 하면서 행렬은 앞으로, 낯선 길을 더듬을 새도 없이 앞으로 나가고 있었다.

　　호랑이 형상을 한 한반도의 배꼽 위치에 자리하고 있어 호랑이 배꼽 마을이라고 부른다는 동중리 호랑이 배꼽 마을을 지났다. 도로 양쪽 집들 한가운데 소를 키우는 축사들이 눈에 띄었다. 축사들 규모가 점점 더 커지고 있는 것은 우리 마을뿐만이 아닌 듯했다. 예전에야 집 마당 한쪽에 외양간이 있어 서너 마리씩 길렀고, 경운기나 트랙터가 없던 시절엔 논밭 경작에 주요 동력이었던 소들이 이제는 오로지 식용으로만 길러지고 있었다. 이따금 한우는 어떤 의미일까 궁금했다. 2018년 기준 연간 1인당 소고기 소비량은 12.6kg이고, 축사는 늘어나고 있는데 한우 자급률은 채 40%가 되지 않으면서도 여전히 한우는 비싼 고기여서 더더욱 그러했다.

　　점심은 백학면 두일리 중국 음식점에서 먹을 예정이었

고, 도착하니 낯익은 얼굴이 있었다. 지난해 고성 구간을 함께 걸었는데 이름을 몰랐다. 그런 경우가 '통일 걷기'에서는 흔했다. 함께 걸으며 웃고 이야기를 나누었더라도 헤어지면 그만이었다. 각자에게는 어디 구간을 며칠 걸었다는 기억이 있을 테지만 꽃도 이름을 불러주어야 비로소 내게로 오는 것처럼 이름을 모르니 그이들을 기억하는 일이 쉽지 않았다. 그렇다고 함께 걸으면서 나눴던 이야기들이 사라지는 것은 아닐 테지만 이름을 모르면 그저 한 동아리로만 남았다.

집 밖에서 열하루를 자는 동안 처음 대하는 짜장면과 탕수육을 한기로 떨면서 먹었다. 짬뽕과 짜장면이 예약되었다고 식당 주인은 말을 하면서도 먼저 도착한 사람들에게 짬뽕을 내주기는 어렵다고 이해할 수 없는 말을 했다. 비와 땀으로 젖은 옷을 입고 울며 겨자 먹기로 짜장면을 먹었는데 맛을 느낄 새도 없이 아니, 이곳저곳에서 돌아가는 선풍기와 에어컨으로 한기를 느꼈던 터라 또한 짬뽕을 먹고자 했던 애초의 욕망이 꺾였던 터라 맛이 맛일 수 없었다. 춥고 비가 내릴 때는 짜장면과 백주로 몸을 달래주면 더할 나위 없었을 텐데. 싫어할 수 없는 짜장면은 그리하여 친절하지 않은 음식이 되고 말았다.

발 치료

한기를 피해 문밖 의자에 앉아 신발을 벗었다. 양말은 물론 신발 깔창까지 죄다 젖었다. 오른쪽 발은 발바닥까지 물집이 잡혀 퍽 볼썽사나웠다. 옆에 있던 일행들이 승합차 엔진에다 젖은 양발과 신발 깔창을 말려 주겠다며 올려놓았고, 발바닥과 발가락에 테이핑을 해주었다. 저녁마다 의료팀에서 무릎과 발가락에 테이핑을 해주었지만 걷는 중에는 할 수 없는 일이었다. 일행 가운데 손이 재바른 이가 있어서 나와 몇 사람이 그이의 도움을 받아 발 치료를 할 수 있었다. 혼자 걷는 것 같아도 혼자 걷는 게 아니라는 걸 밴드 하나에, 물 한 병에, 자두 한 알에서 느낄 수 있었다.

닫힌 문을 앞에 두고

신발 깔창과 양말은 어느새 보송보송해졌고 발걸음은 한결 가든해졌다. 비는 그었으나 날씨는 여전히 꾸물꾸물했다. 임진강으로 흘러드는 석장천과 사미천을 지나서 장남면 자작리를 향해 이차선 도로를 걸었다. 연천군 장남면은 해방 당시 38선 이북에 속했고 한국전쟁 뒤에는 남측에 속하게 되었으나 장남면에 속한 다섯 개 마을 가운데 세 개 마을은 여전히 미입주 지구였고, 두 개 마을 그러니까 자작리와 원당리에만 사람이 거주하고 있었다. 장남면 옛 면소재지는 고랑포리였지만 지금은 사람이 거주하지 않는 미입주 지구였다. 사람은 살지 않아도 농사는 짓는, 출입영농을 하는 곳도 있었지만 또 일부 지역은 휴전선, 군사 분계선이 지나는 비무장지대에 속했다.

백학면 두일리에서 백학면 전동리 방향으로 대형 트럭들이 오가는 도로를 걷다가 〈연천 어촌계 임진강 민물고기 직판장〉 간판을 만났다. 동해안 바닷가 인근에 살고 있으니 수협의 계통 조직인 '어촌계'를 자주 접했지만, 임진강하면 황복과 참게로 기억하는 내게 민물고기는 유달리 눈에 띄었다. 멸종 위기에 처한 황복 그리고 바다와 민물을 오가며 사는 참게는 이제 모두 귀한 물고기가 되었다. 흔했던 것은 귀해지고, 귀했던 것은 사라지고, 이것이 기후 변화 때문인지, 인간의 탐욕 때문인지 알지 못했지만 아쉬움은 퍽 컸다. 어느 해여럿이 어울려 양양 어느 골짜기에서 먹었던 참게탕을 아로새긴 뒤 참게는 생각만 해도 군침이 돌았다.

장남면 자작리 마을회관과 대각선에 있는 삼립슈퍼 앞에서 걸음을 멈췄다. 오늘 마지막 목적지였지만 선발대는 또 앞으로 더 갈 예정이이어서 다음 순서를 기다리며 쉬고 있었다. 길섶에 앉아 하드를 먹다가 미군 군용 트레일러가 좁은 골목을 휘돌아나가는 것을 지켜보았다. 나로서는 처음 보는, 영화 '매드 맥스'에나 나올 법한 트레일러트럭이었다. 이따금 꿈은 직간접 경험한 것만 꾸는 것인지 궁금한 것처럼 영화의 상상력 또한 현실을 벗어날 수 있는지 궁금했다. 군부대가 있는 마을에 살면서도 장갑차와 탱크가 어떻게 다른지 이번에 알게 된 것처럼 내가 모르는 '군용'은 또 얼마나 많을까 생각하니 아찔했다.

〈쉬었다 가는 곳 삼립슈퍼〉 앞에서 일부는 다음 날 출발지까지 더 걷기로 하고, 또 일부는 숙소로 돌아가기로 하고, 각자 처지와 형편에 따라 움직이기로 했다. 더 걸을 여력이

없었던 나는 숙소로 돌아가기로 하고 자리에 남았다. 앞서거니 뒤서거니 무리를 지어 걷던 이들이 한 승합차에 올랐고 이 승합차는 곧바로 숙소로 돌아가지 않고 방향을 틀었다. 껑충 도움닫기를 하여 뛰어오른 기분이었다. 승합차는 경순왕릉으로 향했다. 철원 일대를 걸을 때도 두어 명이 일정에 없던 〈철원 노동당사〉에 다녀왔노라고 해서 부러움을 사더니 이번에는 자리 한 켠을 내주었다.

경순왕릉은 망국과 망향, 삼팔선과 휴전선 사이에 있었다. 신라의 마지막 왕 경순왕은 신생국 고려 왕건에게 투항

하여 왕에서 신하이며 부마가 되었고, 고향 경주를 떠나 송
악개성에서 살다 죽었으나 죽어서도 고향에 돌아가지 못하고
연천에 묻혔다. 신라 왕들 가운데 경주에 묻히지 못한 왕은
경순왕이 처음이자 또 마지막이었다. 왕이 적국에 투항하여

경순왕릉 입구

백성들 삶이 나아졌는지는 아는 바 없었으나 두 아들은 금강
산으로 화엄사로 흩어졌다. 투항 이후 사십여 년의 생은 금
의옥식을 누렸을까. 아니면 시름과 불면의 나날을 보냈을까.
주차장에서 왕릉으로 가는 길마저 주변에는 철조망이 둘러져 있었고 지뢰 표지판도 눈에 띄었다. 지도로 보면 개성과 거의 수평으로 놓인 경순왕릉은 그러므로 남방 한계선에 매우 가깝다는 뜻일 것이었다.

우리는 이제 물길을 거슬러 숙소인 〈한반도 통일 미래 센터〉를 향해 달렸다. 거의 사십여 분이 걸렸지만 낯선 도시를 구경하는 일은 들이좋은 일이었으므로 시간이 마냥 늘어진다고 해서 나쁠 것은 없었다. 하지만 내게 거슬리는 것은 공공 건축물에 붙는 '~센터', '~타워'라고 하는 말들이었다. 영어를 다시 한글로 번역해야 하는 불편이 따르는데도 또한 두루뭉술하게 무언가를 뭉개고 감추는 게 아닌가 하는 의심이 드는데도 굳이 영어로 쓰는 이유가 무엇인지 몰라서 궁금답답했다. 한글이라고 부르는 훈민정음을 반포할 당시 28자모였지만 지금은 24자모만 쓰이는 것처럼 말과 글 또한 생물과 같아서 생성과 소멸을 반복한다고 하더라도 그것을 일부러 앞당길 까닭 또한 없지 않은가.

터가 넓어서인지 저녁밥을 먹으러 가는 길도 꽤나 멀었다. 저녁 노변정담 강사는 김진향 개성공단 이사장이었다. 이번 포함 서너 번쯤 강연을 들을 기회가 있었다. 분단의 본질, 기원으로 시작하여 대한민국 공식 통일 방안에 이르기까지 울분에 가까운 열변으로 강의를 마무리했다. 닫힌 문 앞에 섰을 때 어떻게 해야 할까. 미는 문, 여는 문을 떠올리다가 샛문을 생각하다가 저쪽에서 문을 밀어버리면 아니 아예 문을 부숴버리면 되지 않을까 하는 쓸데없는 생각을 하다가 문득 마지막 밤이라는 생각을 했다. 숙소까지 발을 제겨디디면서 노량으로 걸어서 돌아왔다.

어쩌면 자야겠다는 생각을 앞서 했는지도 몰랐다. 한방에서 함께 자는 인원이 많을 때도 있었고 적을 때도 있어 서너 명은 되었으나 새벽같이 일어나야 했고 평소 버릇대로 비교적 규칙적으로 생활하는 편인지라 노변정담 뒤에 발 치료가 끝나면 자는 게 먼저였다. 그 일이 마지막 밤이라고 해서 달라질 까닭도 없었고 달라져야 한다는 생각도 없었으니 잠자리에 누웠다. 몸은 가뿐한 듯했으나 생각과 달리 발바닥 상태는 엉망이었다. 잠귀는 밝은 편인지라 전화기 알람도 진동으로 해 놓았고 알람보다 매번 먼저 일어났으므로 아무 문제가 없었다.

장 아무개 씨의 전화를 받은 최 아무개 작가의 권유가 있었고, 잠시 망설였으나 일어섰다. 마지막이라는 빌미가 갸우뚱하기도 했으나 어찌되었든 몇몇은 열이틀을 함께 걸어왔으니 그것만으로도 술 한잔할 이유는 충분했다. 걷는 동안 앞서거니 뒤서거니 해도 이야기를 하는 경우는 드물었고 거의 매일 어제 걸었던 이들끼리 걷는 게 다반사였으므로 모르는 이도 아니었고 그렇다고 또 썩 잘 아는 이도 아니었으나 길 위에서 생긴 주름 하나쯤은 있었을 터였다. 그러나 잠시 망설였던 이유가 그 시간이면 이미 자리가 무르익었을 터였기 때문이었지만 부재중 전화에 대한 답으로 합석했다. 동갑 또래도 있었고 연배가 훨씬 위인 이도 있었으나 함께 걸었다는 이유만으로 흔쾌하고 즐겁게 각자가 가진 관심사로 이야기를 이어갔다. 자리를 파한 뒤 나는 또 다른 자리에서 함께 걸었던 이들과 어울려서 웃고 떠들며 두어 시간쯤 놀았다.

윈드 오브 체인지
wind of change

민통선, 걷다─12박 13일의 기록

열사흘 마지막 날 _ 2019년 8월 8일(목)

연천군 장남면 고랑포리 고랑포구 역사공원을 거쳐 경순왕릉 표지판을 흘긋거리며 지났다. 한탄강이 흘러들어 합류하는 건너편 임진강변이 고구려 땅이었던 시절 신라와 맞닿은 국경 강가에 만든 호로고루를 먼발치에서만 그렸다. 그와 더불어 고구려가 남긴 은대리성과 당포성을 떠올렸다. 나라는 역사 속으로 사라졌어도 그 자리에 쌓아 올렸던 자취는 남아서 그때를 기억하게 했다. 백제 땅이었다가 고구려 땅이었다가 그 뒤엔 신라, 고려에 이어 조선의 땅이 되었다. 성은 허물어져 내려앉았고 물길은 탁해졌을 것이었으니 그 땅에 살았던 이들의 운명은 또 어찌 되었을까. 한국전쟁 발발 당시에도 고랑포는 소련제 탱크로 밀고 내려온 북한군과 국군의 싸움터가 되었고 국군은 패하여 뒤로 물러났다. 그러므로 요충지要衝地라는 말은 달리 말하면 싸움터, 전쟁터였다는 뜻일 터였다.

장단적벽이라고 불리는 병풍처럼 드리워진 깎아지른 듯한 낭떠러지는 '27만 년 전에 북한의 평강 지역 오리산에서' 화산이 폭발하면서 분출한 용암이 흘러내려오면서 만들어진 협곡으로 지금은 '한탄·임진강 지질공원2015'으로 지정되었다. '주상 절리柱狀節理(마그마가 냉각 응고함에 따라 부피가 수축하여 생기는, 다각형 기둥 모양의 금)라고 흔히 부르는

임진강 고랑포구

분단의 강이자 통일의 강인 임진강, 그 강변에 자리한 고랑포구는 1930년대 인구 5만 명에 화신백화점 분점이 있었을 정도로 은성했던 포구였으나 한국전쟁 뒤에는 출입 영농만 가능한 민간인 미입주 지구가 되었다. 고랑포구는 서해 바닷물이 드나드는 곳으로 동쪽 함경남도 덕원군 마식령에서 발원한 강물이 흘러드는, 이를테면 동과 서, 남과 북이 만나는 곳이었다. 집산이 이루어진다는 것은 사람의 발길의 잦다는 것이고, 사람이 모이면 화물과 재화가 오가고 그러면 또 놀이판이 벌어지기도 하지만 이 또한 물길에 의존하여 사는 이들이라면 굿을 빼놓을 수 없었을 것이었다. 이지누 사진작가가 쓴 글에서도 '고창굿'이라고 불렸던 고랑포 굿을 소개하고 있지만, 그 또한 지금은 사라지고 없었다. 고창굿은 도당굿의 별칭인데 도당굿은 산치성, 대동굿으로 불리기도 하는 마을굿이었다. 고 전태용 경기소리 명창이 불렀던 창부타령, 노랫가락 등은 다 무가巫歌가 기원이었다. 동해안에 별신굿이 있었듯 서해안에는 이젠 고인이 된 김금화 만신이 금줄을 잡았던 배연신굿이 있었다.

적벽은 돌 틈에서 자란 돌단풍이 봄에는 흰 꽃으로 가을에는 빛과 어우러져 붉은 빛으로 물드는 까닭에 시인묵객들을 불러 모았다. 명재상이라고 알려진, 망국과 개국 사이 그러면서 또 개국공신은 아니었던 방촌 황희, 고려에서 나고 출세하였으나 나라가 망한 뒤에도 새로이 개국한 조선의 신하가 되어 영의정부사영의정까지 올라 무려 19년을 그 자리에 있었던 그이가 갈매기와 벗하며 살겠다고 임진강가에 반구정伴鷗亭이라는 정자를 세웠다. 또한 임진강가에서 뱃놀이를 하며 지었을 조선시대 여러 문인들 시가 전해지고 있었다.

종결되지 않으니 반복되고

마지막이라는 말은 힘이 세서 새로 합류하여 걷는 이들이 수백 명은 될 듯했다. 연천군 장남면에서 파주시 진동면으로 시군의 경계를 넘었다. 진동면은 임진나루터의 동쪽에 있다고 하여 진동이라고 했다는 무심한 작명과는 달리 전쟁 뒤에는 민간인이 거주하지 못하는 군사 접경지역으로 논밭 사이에 난 농로라고 해야 할 좁은 길을 걷다가 완전 무장한 훈련 중인 미군들과 마주쳤다. 동부지역에서는 보기 어려웠던 미군들을 중서부 내륙지역으로 오면서 자주 보았다. 〈진동 동파리 수복마을〉이라고 쓴 도로 표지판을 보면서 걸었다. 그러고 보니 우리는 지금 민통선 안에서 걷고 있는 중이었다. 대한민국 땅이면서 대한민국 땅이 아닌 듯한 기묘한 광경은 DMZ에서 절정을 이뤘다.

날은 흐렸고, 흐린 하늘은 이상한 압박감으로 머리를 짓눌렀다. 우리는 이제 진동면 하포리, 허준 묘 표지판을 지나 구암 허준을 기리기 위해 만든 다리인 듯한 작은 구암교를 건넜다. 동의보감으로만 기억하고 있는 허준이 임진왜란 당시 도성과 백성들을 버리고 파천, 도망한 선조 임금을 따라나섰다는 대목에 이르러서는 여러 생각이 갈마들었다. 백성을 저버린 임금, 국민을 죽을 지경에 몰아넣고 내빼버린 대통령의 역사는 어떻게 종결되지 않고 반복되고 있는 것인지. 임금과 대통령을 둘러싸고 있던 이들을 충신이라고 해야 할지, 역적이라고 해야 할지 자못 헷갈렸다.

자동차 왕래가 적은 도로여서인지 행렬은 배암처럼 길게, 염소 떼처럼 흩어졌다. 안전 담당인 젊은 친구들이 아무리 목청껏 소리쳐도 늙은 어른들은 말을 듣지 않았다. 길게 이어진 행렬 가운데 강원 고성에서부터 함께 온 윤 아무개 씨

가 디지털카메라로 마치 놀이하듯 사진을 찍었다. 무리에서 연장자에 속하는 유 아무개 씨, 지원팀에서 줄곧 운전을 하던 천 아무개 씨는 강원도 고성에서부터 함께 왔고, 첫해부터 함께 걸어서 낯이 익은 김 아무개 씨와 처음 만난 어떤 이

가 앞서거니 뒤서거니 동아리를 이루며 걸었다. 이야기는 허
공으로 흩어졌으나 사진은 기념엽서처럼 남았다.

이제 우리는 파평면 두포리 임진강 전진교를 건넜다. 다리는 길었고, 저 멀리 〈평화의 관문 파주〉라고 쓴 간판이 눈에 들어왔다. 다리를 건넌 뒤 검문소 근처에서 잠시 쉬면서 신발끈을 고쳐 맸다. 철책엔 국립환경과학원에서 야생 멧돼지 폐사체 신고 안내 현수막을 걸어놓았다. 지뢰와 불발탄을 조심하라는 표지판도 그랬지만 아직 백신이 없다는 아프리카 돼지열병ASF도 민통선 근처를 불안과 공포로 들썩거리게 했으나 이때까지 아프리카 돼지열병은 DMZ를 넘지 못했다.

다리쉼을 한 뒤 다시 걷기 시작했다. 앞서 걷던 이 아무개 씨와 그와 함께 걷던 어떤 이가 아까시나무 이파리를 따서는 꿀밤 때리기 놀이를 하면서 걸었다. 어릴 때 오 리가 넘는 한여름 등하굣길에서 이따금 했던 놀이였으나 까마득히 잊고 있었다. 가위바위보를 한 뒤 이긴 사람이 이파리를 하나 떼어낸 뒤 곧바로 상대방 이마에 꿀밤을 때리는 모습은 퍽 오랜만이어서 지켜보는 것만으로도 즐거웠다.

평화누리길 9코스 율곡길로 들어섰다. 일상에서 율곡 이이와 사임당 신 씨를 지폐로 만날 때마다 어머니여서 5만 원이고 아들이어서 1천 원인가 싶을 때도 있었다. 율곡은 강릉 외가에서 태어났지만 자신의 집안이 있던 파평면 율곡리 지명을 따서 호를 지었다고 전해지고 있으나 어머니 신 씨는 본명이 무엇인지조차 알려지지 않아서 그저 사임당 신 씨로만 불리고 있었다. 태어나서 6살까지 어머니와 함께 머물렀던 강릉 오죽헌과 율곡이 머물렀던 파주 화석정은 얼마나 가깝고도 또 먼 것인가. 화석정은 또 십만 양병설을 주창했던 율곡의 청을 받아들이지 않고 배척했던 선조 임금이 임진왜란을 만나 의주로 파천하던 도망길에 정자를 불태운 그 불빛으로 강을 건넜다고 하는 일화는 또 얼마나 아이러니한가.

철책을 옆에 두고 걷다 율곡습지공원에 도착했다. 정자도 보였으나 근처 평상에 앉았다. 이른 점심을 먹을 것이라는 전갈이 있었고 몇몇이 한 평상에 앉아서 신발부터 벗었다. 점심은 주먹밥이었으나 시간도 이르고 물배가 차서 먹는 둥 마는 둥 하는 가운데 근처 의자에 앉았던 젊은이가 벌에 쏘여 소란스러웠지만 바라다보기만 했다. 옆 정자에서는 노랫소리가 우렁찼다. '통일 걷기'를 하기 전 벌에 손등을 쏘였고, 병원에 다녀와야 할 만큼 많이 부었다. 벌에 쏘일 때마다 병원에 가야 했고 어른들 말씀으로는 '벌을 타서' 그렇다고. 응급 처치로 신용카드와 같은 단단한 것으로 벌침을 밀어서 뽑고, 얼음찜질을 하면 좋을 것이라고 생각을 하면서도 몸이 움직이지 않았다. 젊은이는 곧 움직였으나 그 뒤에 아무 일이 없었는지 끝내 물어보지 못했다.

평화누리길 코스

출처: 평화누리길 카페 https://dmz.gg.go.kr/gg_dmz-tour/peace

경계와 변경에서 살아가는 사람들

이번 통일 걷기에는 대학 재학 중인 젊은이들이 여러 명 참가하여 낮에는 앞머리와 옆, 행렬 끝에서 안전을 담당하는 안전요원으로, 밤에는 또 의료팀에서 발 치료를 담당했다. 앞머리에서 줄곧 걷던 지훈 씨는 노래를 들으면서 곧잘 엉덩이춤을 추곤 했고 이유를 물으니 지루하고 힘이 들어서 그러는 것이라고 답했다. 인상 한번 찡그리지 않고 노상 생기발랄하던 그였기에 조금 놀라기도 하고 안타깝기도 했지만 젊은 그이들로 인해 뒤에서 걷던 우리는 즐겁고 유쾌했다. 어머니의 권유로 강원도 동해에서 온 대학 1학년에 재학 중인, 이번 동아리에서 가장 나이 어린 은수 씨도 끝까지 함께 걸었다.

임진강변 철책을 따라 걷기 시작했다. 2017년 통일 걷기 첫해에는 지인과 함께 빗속을 걸었고, 그때는 첫날과 이튿날 고성 구간을 걸은 뒤에 마지막 하루 일정이었으나 이번엔 12박 13일을 걷고 있었고 날씨도 쾌청하지 않아서인지 촘촘하기만 한 철책도 너른 강물도 그저 흐릿하기만 할 뿐 머릿속은 솜으로 채워진 듯 뻑뻑했다. 어쩌면 이제 비로소 끝이라는 실감에 꺼들린 것인지도 모를 일이었다. 그러면서도 임진나루는 그냥 지나치지 못해서 잠시잠깐 숨을 고르며 멈춰 서서 바라다보았다. 임진나루는 서울에서 개성으로 가던 길목으로 볼모가 되어 청으로 가던 세자를 말하는 병자호란, 도성을 버리고 몽진하던 선조 임금을 말해야 하는 임진왜란 등이 역사책에 오르내리지만 정작 궁금한 것은 한국전쟁 뒤 터무니가 사라진 땅에서 임진강 어부로 살아가는 이들의 이야기였다.

정전협정 당시 육지만 군사 분계선을 정했고, 해상은 군사 분계선을 정하지 않았다. 그리고 한강 하구 중립 수역이라는 게 또 있었다. 임진강은 한강의 제1지류다. 통제와 감시가 일상이었던 강을 오가야 했던 이들, 그러면서도 봄이면 서해에서 올라오는 황복을, 가을이면 참게를 잡으면서 자리를 지켰을 이들이 어쩌면 분단의 최전선이었을 것이었다. 경계와 접경, 변경선 군과 관의 힘이 가장 강력하기 때문이었다. 이를테면 우리 마을 큰 산, 건봉산은 민통선 이북이었고 가을 한철 버섯이 나기 시작하면 마을 안팎에서 주민들이 버섯을 따기 위해 몰려들었지만 군에서 허가하지 않으면 한 발짝도 산에 발을 들일 수 없었다. 버섯이야 한철이었지만 물고기에 생계가 걸린 이들에게 강물 위의 경계와 물결은 위태롭게 뒤섞였을 것이었고, 물고기들은 또 분단과 경계 따위는 아랑곳없었을 테니까.

　어느 하루, 해뜩발긋한 복사꽃 피는 봄 황복 맑은탕이 되었든, 복자기나무 붉게 물드는 가을 참게탕이 되었든 어디 허름하면서도 정갈하게 매만진 식탁에 둘러앉아 첩첩한 철책 따위는 없는, 남과 북 경계선 따위는 없는, 그저 무심하게 흐르는 강물이나 바라보며 벗들과 어울려 술 한잔할 수 있었으면, 그랬으면 좋겠다고 생각만 하면서 나무 계단을 도드밟으며 앞뒤 거리를 멀게 띄운 뒤 내처 초평도가 내다보이는 곳까지 혼자서 걸었다. 사람들 왕래가 잦지 않은지 길바닥에는 잡초가 무성해서 이따금 성가셨지만 임진강, 어쩌면 끝끝내 다다를 수 없을지도 모를 강줄기를 벗삼았다. 첫해처럼 철문을 지키는 초병도 없었고 강에 떠있는 나룻배도 없었지만 강물은 내내 도도하기만 해서 조금은 슬프기도 하고 억울하기도 했다.

　우리가 걷고 있는 길이 임진각 관광지에서 출발하여 율곡습지공원까지 약 9km에 이르는 '임진강변 생태 탐방로' 구간이라는 걸 안내 표지판을 보고서 알았다. 첫 번째 쉼터인 임진나루 전망대에서 숨을 고른 뒤 내처 걸어서 초평도 쉼터에 도착했다. 데크로 바닥과 울타리 그리고 의자와 함께 사진을 찍을 수 있는 곳과 화장실까지 마련해 놓은 꽤 너른 곳이었다. 사진은 그만두고 불이 난 듯한 발바닥 때문에 거의 넋이 나간 듯 앉아 있는데, 앞뒤로 멀어졌던 일행들이 도착하면서 돌연 활기를 띠었다. 연장자인 유 아무개 씨가 화장실에서 물을 받아왔고, 이 물을 또 굳이 시원하다는 이유로 한 모금씩 나눠 마셨다. 데크 옆에 정차 중인 군용 트럭은 처음 보는 것이어서 꽤 흥미로웠다.

초평도 쉼터

시작도 끝도 내 걸음으로

오후 해단식까지 시간이 넉넉하다고 탱자탱자하던 오전과는 달리 이제는 시간이 촉박하다고 서두르기 시작했다. 방심하고 있던 마음에 무엇인가를 잘못 삼켜 사레가 들린 듯 언짢았다. 일정이나 약속은 어긋날 수도 있고 미뤄질 수도 있었지만 이제 뙤약볕 아래를 서둘러 걸어야 하는 사람들은 우리들이었다. 전날 밤 짐을 정리하면서 날마다 메고 다녔던 배낭을 메지 않았지만 걸음은 가든해지지 않았다. 통일대교를 향해서 둑길을 걸었다. 비포장도로가 이때는 또 그리 달갑지 않았다. 자잘한 모래들이 자꾸 신발 속으로 들어와 걸음을 절뚝거리게 했다. 혼자서 어디 만큼 걸어서 왔을 즈음 어느 순간 옆으로 다가온 일행이 불쑥 네잎 클로버 풀잎을 내밀며 힘을 내라고 응원했다. 강원 고성에서부터 전체 일정을 함께 했던 일행 가운데 한 명이었다.

오전에 함께 걸었던 일행들은 뿔뿔이 흩어져서 어디쯤 걷고 있는지 알지 못했다. 앞머리는 처음 합류한 이들이 대부분이었고, 행렬 뒤는 또 돌아다볼 여유가 없었다. 지금 걷는 이 길이 시간을 다투는 경주라면, 순위를 매기는 겨루기라면 포기할 수도 있으련만, 시작도 끝도 내 걸음으로 걸어서 닿아야 하는 일이었고 그랬으므로 걸었다. 그러다 문득 풀잎에 고무되어 노래라도 들었으면 좋겠다는 생각이 들었고, 일행에게 노래를 불러달라고 부탁했다. 그러자 노래를 여러 곡 들려주었다. 맨 처음 들어보는 노래인 것은 물론이거니와 어떤 노래는 가사가 아닌 말로 '웃기는 짬뽕'이어서 키득거리느라고 발바닥 통증은 까맣게 잊었다. 그이 또한 발바닥이 편치 않은 것으로 알고 있었다. 좋은 길동무였다.

노래에 대한 이야기를 나누다 보니 저만치 가로놓인 통일대교가 보였다. 가까이 다가가니 어느 때는 길 위에 있었고, 어느 때는 보이지 않았던 이인영 원내대표가 마중을 나와 걸어오는 이들과 일일이 악수를 나누고 있었다. 반갑게 악수하고 헤어졌다. 마지막 집결지는 임진각이었지만, 먼저 통일대교 다리 아래서 모이기로 했다는 전갈이었다. 첫해에도 그곳에 모였던 기억이 떠올랐다. 발가락 통증 때문에라도 내처 걸었으면 싶었다. 쉬었다 다시 걸을 때면 통증이 새삼스러웠지만, 별수 없었다. 단단했던 속다짐은 오늘이 마지막이라는 말에 흐트러져 여밀 겨를을 놓치고 말았으나 다시 통일대교에서 임진각 평화의 종까지 걸었다. 멀리서 풍물패 소리가 들려오기 시작했다.

에필로그

강원도 고성 통일전망대 출입신고소 주차장 한쪽에는 1986년에 세운 〈호림 유격 전적비〉가 있었다. 통일전망대에 가려는 사람들은 출입신고소에 들러 출입증을 교부받는 일로 바빠서 거의 들르지 않는 전적비였지만, 이 호림부대는 '1949년 2월 25일 이북 출신 367명을 기간基幹으로 육군본부 정보국 소속으로 창설되었고 특무과장 한왕룡 소령이 부대장을 맡았던'[28] 특수부대로 한국전쟁 전 38선을 사이에 두고 격화되던 남북 간의 충돌을 보여주는 한 단면이었다. 특수부대라고 했지만 게릴라, 유격대로 읽어야 했다. 안내판에 따르면 이들은 강원도 지역의 청년들과 서북청년단원들로 조직된 유격대였다. 정병준에 따르면 이렇게 전쟁이 '형성'되어갔다.

38선이 타의에 의해 일방적으로 그어졌듯 휴전선이라고 부르는 군사 분계선 또한 남한 정부의 뜻과 상관없이 그어졌

---

28   정병준, 『한국전쟁』, 돌베개, 2006, 371쪽

고, 그 선이 오늘에 이르고 있었다. 38선을 기점으로 북쪽은 조선민주주의인민공화국이, 남쪽은 대한민국 정부가 들어섰다. 그리하여 우리 동네 어른들은 38선 이북을 줄여서 이북이라고 불렀다. 그러나 휴전선이 그어진 지 66주년이 되었음에도 어른들은 여전히 북한과 남한이 아닌 이북과 이남으로 부르고 있었다. 38선과 휴전선 그 틈바구니에서 살아남아야 했던 이들의 고단한 여정이 그리 표출된 것일 터였다.

북한은 선전포고 없이 무력 도발했고, 중국군은 지원군이라는 이름으로 전쟁에 개입하면서 이 또한 선전포고하지 않았다. 미국 또한 경찰 활동이라는 이름으로 한국전쟁에 참전했다. 공식적인 선전포고조차 하지 않고 벌어진 전쟁으로 남과 북, 중국군과 유엔군 그리고 민간인 사상자와 실종자가 무려 오백여만 명에 달했고, 남북 이산가족은 천여만 명이 이르렀다. 왕수쩡의 『한국전쟁』은 신생국 중국인민지원군 병사들이 남의 나라 전쟁터에서 싸워야 했던 참혹한 고통이, 데이비드 핼버스탬이 쓴 『콜디스트 윈터』는 혹한의 낯설고 물설은 '극동'의 작은 나라에 참전한 미군 병사들의 참상이 적나라했다. 그러하니 하나의 모국어를 가진 남과 북의 병사들이 겪었을 참혹함과 을씨년스러움은 더 말할 나위가 있을까.

1946년과 1947년 미국과 소련 양국은 38선의 정확한 위치를 판정하고, 확정하기 위해 예비 조사를 실시했지만 '대외적으로는 비밀에 붙였다.' 그런 뒤 영어와 러시아어 그리고 한글, 이렇게 3개 국어로 된 38선 표지판을 세웠다. 이 38선 표지판을 세울 때조차 어림짐작, 대강 그 언저리쯤이라고 하여 선을 그었고 그리하여 그 후과는 줄그어진 마을에 살아야 했던 사람들이 겪어야 했다. 어느 날 38선이라는 지도에나 있는 선을 기점으로 남과 북으로 갈라졌고 그것은 또 체제와 이념뿐만 아니라 생활양식을 바꾸는 일이었지만 스스로의 뜻과는 무관한, 난데없는 일이었다.

　전쟁을 겪은 어른들은 '불포', '휘발유탄'이라고 부르는 네이팜탄 또는 소이탄이 숨탄것들을 불태웠던 기억이, 어린 나는 갈고리 손을 가진 상이군인들이 마을에 나타날 때마다 대문 안으로 도망치던 기억이 상처로 남았다. 더불어 초등학교 내내 반공 글짓기, 반공 그림 그리기, 반공 포스터에 이어 반공 웅변대회 등이 마을 공동 창고 지붕에 붉은 페인트로 쓰였던 반공과 방첩, 멸공과 방첩처럼 선명하고 검질기게 들러붙어 있었다. 그러나 이에 대한 반동 또한 만만치 않았다.

　38선이 그어질 때도 그랬던 것처럼 한국전쟁 뒤 군사 분계선이라고 쓰고 휴전선이라고 읽게 된 이 선 또한 1,292 개의 말뚝을 서쪽인 예성강과 한강 어귀의 교동도에서 판문점을 지나 중부의 철원, 금화를 거쳐 동해안 고성의 명호리까지 500m 간격으로 표시한 점선이었으나 이 선으로 인해 남과 북의 사람들과 마을들은 두 동강이 나고 말았다. 38선 표지판이 러시아어와 영어, 그리고 한글로 표기되었던 것과 달리 군사 분계선 표지판은 북측은 한글과 한자, 남측은 한글과 영어로 표기했다.

남한 정부는 한국전쟁을 겪은 당사자이면서도 정전협정 당사자가 아니었으므로 여태도 군사 분계선과 남방 한계선 사이 즉, DMZ 남측 지역은 유엔사^{유엔군사령부} 관할로 남았고, 우리는 이곳을 출입할 때마다 유엔사 허가를 얻어야 했다. 주권 국가이면서도 이곳 DMZ 남측 지역엔 여전히 외세의 힘이 득세하고 있었고, 우리 마을 큰 산에 있는 대포 타깃장에서는 오늘도 훈련 중인 병사들이 쏘아대는 대포 소리가 천지를 진동시키고 있었다. 변화라면 예전과 달리 사격을 시작하기 전 사전에 예고 방송을 하는 것 정도였다.

해단식 장소는 파주시 문산읍 DMZ생태관광지원센터였고, 해단식이 두 시간 가까이 진행될 것이라는 예상은 하지 못했다. 그러고 보니 파주에서 서울에 예약해둔 숙소까지 가는 차편이 문제였다. 첫해에 별일 없이 서울에 갔기 때문에 아무런 생각 없이 태평했다. 장 아무개 씨에게 부탁했더니 지원팀 차량을 이용할 수 있다고 했다. 사람이 많을 것이라고 예상하고 짐과 사람을 나눴다. 결국 내가 탄 승합차에는 광주에서 온 이와 서울에 사는 이 그리고 나와 운전하는 이뿐이었다. 이별하는 시간은 짧을수록 좋았지만 내 마음대로 움직일 수 없으니 자연 길어졌다. 국회의사당까지 들어가서 짐을 찾았고 그제야 통일 걷기에 동참했던 이들 모두와 헤어질 수 있었다. 함께 걸었던 일행들과도 인사 없이 헤어졌다. 2019년 7월 27일^토에서 2019년 8월 8일^목까지, 12박 13일 일정이 끝났다.

택시를 타고 예약해둔 숙소에 도착하여 프런트 앞에 섰다. 체크인을 하는데 계산대에 서 있던 직원이 내 꼴을 보더니 욕조가 있는 객실이 있는데 쓰겠느냐고 물었다. 처음 있는 일이었다.

참고문헌

강인철. 『전쟁과 희생』. (주)역사비평사, 2019

국가지질공원. 『한국의 지질공원』. 북센스, 2017

김광식 편. 『금강산 건봉사의 역사와 문화』. 인북스, 2011

김영규. 『38선과 휴전선 사이에서』. 진인진, 2018

김창환. 『김창환 교수의 DMZ 지리 이야기』. 살림터, 2011

데이비드 핼버스탬. 『콜디스트 윈터』. 정윤미, 이은진 역. 살림, 2013

리영희. 『스핑크스의 코』. 까치글방, 1998

박상진. 『우리 나무 이름 사전』. (주)눌와, 2019

박은진 외. 『DMZ가 말을 걸다』. (주)위즈덤하우스, 2013

왕수쩡. 『한국전쟁』. 나진희, 황선영 역. 글항아리, 2013

육군사관학교 전사학과. 『한국전쟁사 부도』. 황금알, 2013, 2판 4쇄

윤정란. 『한국전쟁과 기독교』. 한울엠플러스(주), 2016

이기환. 『분단의 섬 민통선』. BM 성안당, 2009

정병준. 『한국전쟁』. 돌베개, 2006

한모니카. 『한국전쟁과 수복지구』. 푸른역사, 2017

황동규. 『미시령 큰바람』. 문학과지성사, 1993

네이버 지식백과, 한국문화민족대백과

강원도민일보. 〈DMZ 사라진 마을을 찾아서〉 시리즈, 2019